맹파명리연구

명문대 사주

국립중앙도서관 출판예정도서목록(CIP)

명문대 사주 : 맹파명리연구 / 지은이: 이풍희. -- 서울 :
상원문화사, 2015
        p. ;   cm

표제관련정보: 명문대 사주의 비밀을 풀어내다
ISBN 979-11-85179-11-7 03180 : ₩22000

사주 명리학[四柱命理學]
명리학[命理學]

188.5-KDO5
133.3-DDC23   CIP2015008506

명문대 사주

맹파명리연구

이풍희 著

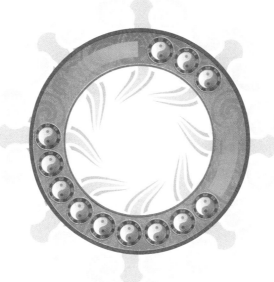

祥元文化社

추천사

『주역』에는 인간이 세계를 어떻게 이해할 것인가 하는 기본적인 시각 또는 관점이 담겨 있다. 그것은 인간을 포함한 우주만물의 존재와 그 변화에 대한 인식이 투영된 것이며 나아가 인간 자신의 존재와 가치에 대한 자각 의식도 반영된 것이다. 이러한 세계관은 인간이 주체로서 자연계의 현상들과 어울려 서로 관계를 갖는다는 의미이다. 그래서 인간에 관한 학문인 명리학의 이론적 논거는『주역』에 있다고 할 수 있다.

『주역』에서 파생되어 나온 명리학은 인간 자신의 존재와 그 가치를 담고 있는 학문이다. 인간은 자연과의 상호작용 하에 존재하는데, 여기에는 태극(太極)의 수용력과 포용력에 바탕을 둔 음과 양의 전환, 변환, 포용의 역동적 관계가 아주 중요하다. 그래서 명리학에서 가장 중요한 것이 음과 양의 두 가지 기의 흐름과 응집이다. 이러한 음과 양의 변화를 볼 줄 알면 사주를 보는 눈이 훨씬 밝아질 것이다.

본인은 2011년에『맹파명리』를 2013년에는『명리진보』를 한국에 출간하였다. 꾸준한 강의 활동을 통해 많은 분들에게 맹파명리를 소개하였다. 지금에 이르러 맹파명리는 명리 애호가들 사이에 모르는 사람이 없을 정도로 널리 회자되고 있다. 역자로서 독자들에게 깊은 감사를 드린다.

씨를 뿌린 결과일까! 3년이 지난 뒤 맹파논리에 입각하여 명리를 연구하고 있는 이풍희 선생님의 『명문대 사주』 원고를 보고 놀라웠다. 사주 그릇의 크기는 한 글자 차이로 변하는데 이러한 미묘한 변화를 논리적으로 쉽게 설명해 주었다.

책에 나오는 ❶ 강한 세력이 상대 세력을 제압하는 사주 ❷ 강성한 세력이 힘차게 설기하는 사주 ❸ 강성한 세력고를 통제하는 사주 부분은 이 책의 백미이며 맹파명리의 진가를 볼 수 있는 내용이다.

이풍희 선생님의 『명문대 사주』는 그동안 맹파명리에 대해서 의구심을 품었던 분들에게 명쾌한 답이 될 것이다. 무엇보다 우리 명리학계의 저술

들이 격국과 용신의 틀을 벗어나지 못했는데『명문대 사주』는 명리학계의 수준을 한 단계 올리고 명리학의 위상을 높이는 훌륭한 명리서적이 될 것이라 기대한다.

『명문대 사주』출간은 명리를 좋아하는 사람들에게 하나의 큰 희소식이다. 이 책을 여러 번 정독하여 독자 여러분의 실력이 향상되기를 기대하면서 일독을 권한다.

을미년 경칩날
학산맹파명리연구원에서
국립공주대학교 동양학과 박사과정
박형규 배상

프롤로그

하늘을 보면서 인간의 삶이란 무엇인가를 고민하였다. '나'라는 존재가 왜 생겨났으며, 어떤 존재감으로 현실을 살아가며, 이 시간 속에서 어떤 의미를 가지는지를 생각했다. 몇 십 년을 이런 고민 속에 묻혀 살면서 자연스럽게 동양철학, 인문사회학, 예술에 관심을 가지게 되었다.

명리를 공부하면서 만물은 우주의 질서 속에 있다는 것을 깨달았다. 조물주의 의지인지 진화의 산물인지는 알 수 없으나 그것이 거대한 진리임은 분명하다. 이 세상에 펼쳐진 모든 삶은 우주 질서 속에 있으며 인간도 마찬가지다.

"삶은 인간의 의지에 의해서 정의된다." 얼마나 거창한 말인가? 하지만 사람의 생명은 80세를 전후로 마감하고 있으며 인생의 전성기는 대부분 60대를 끝으로 하고 있다. 인간의 의지로 생명이 연장되지 않으며 어떠한 의약으로도 노화를 막지 못하고 영생을 추구하지 못한다. 그것은 우주가 인간이라는 생명체에 정한 규칙이라고 본다.

공룡시대에는 공룡에게 맞는 질서가 존재했듯이 인간시대에는 인간에게 맞는 그것이 존재하는 것이다. 시간이 많이 흘러 인간들이 존재할 수 없는 지구환경이 조성된다면 새로운 생명체에 맞는 질서가 만들어질 것이다.

많은 사람들이 명문대 진학을 원하고 있다. 과연 어떤 경우에 명문대에 들어갈 수 있을까? 명문대를 졸업하면 좋은 직장을 얻고 부자로 살 수 있을까? 명문대 진학과 인생의 성공은 어떤 연관성이 있을까?

명문대를 나와 크게 성공한 사람과 완전히 실패한 사람이 있고 재수·삼수하여 좋은 대학을 간 사람이 있는가 하면 오히려 인생이 꼬인 사람도 있다. 명문대로 전과하기 위해서 황금 같은 젊은 시절을 허송세월로 보낸 사람이 있는가 하면 늦게라도 자신의 길을 찾아 성공한 사람도 있다.

이 책은 어떤 사주가 명문대에 진학할 수 있느냐를 다루었다. 명리에 관심이 있는 많은 사람들이 이 책을 통해서 명문대를 갈 수 있는 사주가 어떤 경우인지 연구할 수 있는 자료가 되었으면 좋겠다. 또한 이 지면을 빌어 『맹파명리』와 『명리진보』를 출간하고 맹파명리를 한국에 소개하여 명리를 공부하는 이들에게 큰 깨달음을 얻게 해주신 박형규 선생님, 명리를 공부하는 과정에서 벗이 되어준 김민 선생님, 항상 좋은 책 만들기에 최선을 다하시는 상원문화사 문해성 사장님과 김영철 실장님께 감사를 드린다.

해원 **이풍희** 배상

명문대 사주

명리학의 이해

01

명문대사주

명리학이란 무엇인가?

오랜 과거에 사람들은 일정한 주기로 세상의 빛과 온도, 습도가 변하는 것을 알게 되었고 태양과 달, 별을 연구하기 시작했다. 국가가 형성되고 천문학(天文學)이 체계가 잡히면서 태양력(太陽曆)이 만들어졌으며 절기(節氣)를 구분하여 씨를 뿌리고 곡식을 거두어들이는 시기를 잡았으며 하늘과 땅에서 나타나는 미세한 움직임을 보고 국가 대사(大事)를 판단하였다.

우리에게 익숙한 육십갑자(六十甲子)는 이러한 옛 선인들의 천문학(天文學) 연구의 소중한 유산으로 우주의 질서를 천간(天干) 10자〔甲·乙·丙·丁·戊·己·庚·辛·壬·癸〕, 지지(地支) 12자〔子·丑·寅·卯·辰·巳·午·未·申·酉·戌·亥〕로 구분하고 이를 상하(上下)로 결합시켜 60개의 글자 형상(形象)을 만들어 하늘의 에너지를 표현한 것이다.

우리가 흔히 子는 쥐, 丑은 소, 寅은 호랑이로 말을 하는데 子·丑·寅의 함축적인 의미를 그에 상응하는 성질의 동물에 배치시켜 일반인이 쉽게 접근할 수 있도록 배려한 것으로 이해할 수 있다.

명리학은 태어난 연월일시(年月日時)에 천간지지(天干地支) 8자를 대입하고 음양(陰陽)과 오행〔木火土金水〕의 원리를 이용하여 한 사람이 현실에서 얻을 수 있는 부(富)와 귀(貴)가 어느 정도인지를 판별하는 학문이다. 우주를 연구하던 천문학이 사람의 인생을 탐구하는 데에 적용된 것이다.

사주팔자(四柱八字)로 인생을 판단할 수 있다는 생각을 어떻게 가지게 되었을까?

지구의 모든 생명은 태양의 힘에 의존해서 살아가고 있다. 태양의 힘을 적게 받는 남극과 북극은 혹독한 환경 때문에 한정된 생명체만 살아갈 수 있지만 태양의 힘을 강하게 받는 적도(赤道) 근처는 많은 생명들이 다양하고 풍성하게 번성하고 있다. 태양의 힘은 곧 생명력인 것이다.

태양 빛은 1년(365일)이라는 일정한 주기로 계속 반복되는데 사람들은 모든 생명체가 태양이 정한 규칙을 따라 삶을 산다는 것을 이해하게 되었고 봄〔春〕·여름〔夏〕·가을〔秋〕·겨울〔冬〕의 4가지 특징적인 환경으로 1년을 구분하게 되었다.

봄에는 태어나고 여름에는 번성했다가 가을에는 결실을 맺고 겨울에는 사멸하는 것을 경험으로 이해하게 된 것이다.

인간은 태양의 힘에 의지(依支)해서 살아가는 여러 생명체 중의 하나이다. 사람들은 경험을 통해서 생명이 탄생하는 순간에 받는 태양 에너지가 생명체의 특징과 삶에 깊은 연관성을 가진다는 것을 알게 되었다. 예를 들면 여름 낮에 태어난 사람은 태양 에너지를 많이 흡수하여 활동적이고 발산하는 성향을 가질 가능성이 강하며, 겨울 밤에 태어난 사람은 태양 에너지를 적게 받아 차분하고 분석적인 성향을 가질 가능성이 높은 것이다.

태양에너지에 대한 이같은 생각은 사람의 운명을 태어난 계절과 연관시켜 열에너지의 균형에 초점을 맞춘 명리학을 탄생시켰다. 현재 대부분의 명리학파가 태어난 월(月-계절)을 절대적인 기준으로 균형론(均衡論)에 입각하여 운명을 예측하고 있다.

겨울에 태어난 사람은 火기운〔불〕이 필요하고 여름에 태어난 사람은 水기운〔물〕이 필요하여 태양에너지가 편중되지 않게 중화(中和)를 이루어야 훌륭한 인생을 살 수 있다는 것이다.

필자의 생각은 다르다.

계절과 조화를 이룬 양질(良質)의 에너지로 생명체가 균형을 이루었다고 과연 모두 뛰어난 생명력을 가진 존재가 될 수 있는가?

적도든 극지방이든 중동이든 유럽이든 아프리카든 뛰어난 생명체는 어디든지 존재한다.

태양의 에너지가 많고 적은 것을 떠나서 훌륭한 생명체는 어디든 존재하는 것인데, 그것은 자신의 상황에 맞게 태양 에너지를 극대화시킬 수 있는 생체시스템을 갖추었기 때문이다.

이것이 필자가 월지(月支-계절)를 절대시하는 한국의 명리학 풍조에 던지는 질문이다.

왜 계절의 한난조습(寒暖燥濕)만 보는가?

어떤 상황이든 뛰어난 생명체는 나타날 수 있다.

월지(月支-계절)는 강력하지만 절대적일 수 없다.

음양오행(陰陽五行)의 균형에서 사주의 귀천(貴賤)을 찾으려는 명리학의 풍토는 반드시 개선되어야 한다.

성명학은 운명학이 아니다

　명리학은 4500년 전 고대 중국으로부터 그 뿌리를 찾을 수 있는데 오늘날처럼 운명을 진단하는 방식은 500년 전의 중국 남송시대 서자평(徐子平)이 창안(創案)했으며 『연해자평(淵海子平)』으로 소개되었다. 운명(運命)을 풀 수 있는 비술(秘術)이 일반인에게 공개된 것이다.

　현재 우리나라의 명리학 분위기는 다양한 장르가 공존하면서 그 신빙성이 많이 훼손되어 있다. 역학(易學)이라는 이름 하에 점술[타로] 비법[부적]이 성행하고 있으며 '성명학'이라는 새로운 영역이 명리학과 같이 성행하고 있다. 과연 성명학은 운명학일까?

　우리나라 성명학의 뿌리는 일제강점기 창씨개명 시기에 일본인 성명학자 구마자키 겐오(熊崎健翁)의 "이름이 사람의 운명에 결정적인 역할을 한다."는 이론에서 시작되었다. 이것을 토대로 시작된 성명학은 1960년대부터 성행하여 지금은 다양한 작명법으로 발전했는데 사주팔자(四柱八字)의 부족한 기운(氣運)을 보충해준다는 수리성명학(數理姓名學)부터 이름이 운명을 결정한다는 파동성명학까지 다양한 이론과 작명법이 혼재하고 있다.

이름이 운명을 결정할 수 있을까? 답은 매우 간단하다.
지금 당장 아무 철학관이나 가서 이름만 밝히고 자신이 어떤 삶을 살아왔는지 사주팔자〔힌트〕를 알려주지 않고 물어보아라! 맞추는 사람은 거의 없을 것이다.
성명학은 가설(假設)에 의해서 설정된 학문으로 검증되지 못했다. 일반적으로 철학관에서 작명을 잘한다고 선전하기 위해서 개명 이후에 인생이 풀린 사례나 출세한 인기 스타의 이름을 거론하는데 이름 바꿔도 안 풀리고 망하는 사람 많다.
출세한 사람은 능력이 뛰어났던 것이지 이름이 좋아서가 아니다.

대한민국 사람이라면 모두가 다 아는 하춘화라는 유명한 가수가 있다. 하춘화라는 이름은 어떻게 보면 기생이나 술집 여자에게나 어울릴 수 있는 이름이지만 예능인으로 크게 이름을 날렸다. 이름이 사람의 운명을 좌우한 것이 아니라 그 사람의 능력이 이름을 지배한 것이다.

성명학은 운명학이 아니며 이름을 짓는 방법론이다.

성명학이 운명학으로 인정받으려면 아래와 같은 사항이 선행되어야 한다.

❶ 국지〔한국이라는 나라에만 적용〕성을 벗어나 세계 어디에서든 적용 가능해야 한다.

❷ 반드시 검증〔이름만 가지고 운명이 해석되는지〕되어야 한다.

학문이라는 것은 보편성(普遍性, universality)을 가져야 한다. 우리나라 사람들뿐만 아니라 세계 어느 사람에게든지 적용이 가능해야 한다. 빌 클린턴(Bill Clinton)이 왜 대통령이 되었는지 이름만으로 해석이 가능한가? 세계 사람들이 볼 때 성명학은 한국에서만 유독 극성스러운 문화로만 인식될 뿐이다.

성명학이 하나의 가설(假說)로 세워졌다면 그것을 증명할 수 있는 축적된 자료〔데이터〕를 제시해야 한다. 일반적으로 많이 통용되는 수리성명학은 사주팔자(四柱八字)에서 부족한 부분을 이름을 통해서 보완한다고 말하는데 그것을 어떻게 증명할 것인가? 이름이 운명을 결정한다는 파동성명학은 이름만으로 그 사람의 삶의 과정을 설명할 수 있는 역해석(逆解釋)이 가능한가?

성명학이 이름 석 자로 사람의 운명을 결정할 수 있는 단계까지 갔다는 것은 이미 신(神)의 경지(境地)에 도달했다는 것을 말한다. 역술인의 주관에 의해서 사람들의 운명이 좌우되는 웃지 못할 현실이 된 것이다.

운명을 바꿀 수 있다는 생각은 이미 운명학(運命學)이 아니다. 운명학은 '운명은 이미 결정되어 있으며 그것을 해석하는 것'이 존재 가치이다. 만약 어떤 비술(祕術)로써 운명을 바꿀 수 있다고 주장한다면 이미 운명학이 아니라 운명개척론이다.

필자가 접했던 학부모의 70~80%는 자신의 아이가 판사·검사·의사·교수가 될 것이라는 말을 철학관에서 들었다고 했다. 철학관에서 덕담을 하고 있는 것이다. 운명학도 사업이다보니 부모 기분 상하게 해서 좋을 게 없는 것이다.

태어난 아이의 이름을 짓기는 쉽지 않다.

무난하지만 평범하지 않고 너무 특이하지 않은 이름을 부모 스스로 짓는다는 것은 상당히 어렵다. 한자 문화권인 우리나라의 경우 한글과 그 음에 맞는 한자도 있어야 하기에 자신의 무지(無知)로 아이 이름을 잘못 지어 아이 인생에 문제가 생길까 봐 철학관을 이용한다.

많은 부모들이 아이의 이름을 철학관에서 받을 때 아이가 똑똑할 것이라는 말을 듣는다. 이름에 영특함과 특출함, 우두머리 기질이 듬뿍 담긴 것을 받고 흡족해 한다.

철학관에서 아이 이름을 짓는다는 것은 부모들의 심리적인 불안감 해소와 관련된다.

이름이 운명을 지배할 수 있을까? 운명의 부족한 부분을 메워줄 수 있을까? 개명으로 운명을 바꿀 수 있을까?

성명학과 운명학은 전혀 다른 학문이며 이름을 통해서 운명을 바꿀 수 있다는 생각은 성명학만의 관점이다. 운명론(運命論)의 입장에서는 인간의 운명은 정해져 있기에 이름을 바꾼다고 달라지는 것은 없다. 성명학에서 말하는 개명으로 삶이 개선됐다는 것은 좋은 운(運)으로 변하는 시기에 개명(改名)이라는 작은 사건을 경험한 것으로 볼 뿐이다.

\<坤命\>

時	日	月	年
戊	己	丁	癸
辰	酉	巳	亥

◉대운

75	65	55	45	35	25	15	5
乙	甲	癸	壬	辛	庚	己	戊
丑	子	亥	戌	酉	申	未	午

己酉일주는 학창 시절 공부를 못하여 지방전문대를 나왔으며 부모의 도움으로 사립유치원 교사를 하다가 중매로 만난 땅부잣집 아들과 결혼하였다. 대학 시절에 어머니와 함께 그 지역의 유명한 철학관을 찾았다가 이름 때문에 운명이 꼬인다는 말을 듣고 개명을 하였다.

운運을 살펴보면 어릴 적 戊午대운과 己未대운이 안 좋고 庚申대운부터 운運이 풀리기 시작하는데 철학관에서 이것을 놓칠 수가 있었겠는가? 사주四柱와 대운大運을 살펴보면서 개명을 논한 것은 불 보듯 뻔한 일이다. 만약 사주四柱를 살피지 않고 단지 이름만 문제 삼아 개명을 했다면 요행徼幸이거나 속임수다.

인생 성공과 제사(祭祀)는 관련성이 없다

하는 일이 잘 풀리지 않고 갑갑할 때 용하다는 철학관을 찾아가면 이런 말을 가끔 들을 수 있다.

'조상에게 지극 정성으로 기도를 드려라!'

'제사를 소홀히 해서 그렇다!'

'조상을 잘 모셔야만 출세한다.'

'천도제(薦度祭)를 지내서 조상을 위로해 주어야 한다.'

이 말은 죽은 조상의 영(靈)적인 힘으로 살아 있는 자손의 삶을 변화시킬 수 있다는 논리다. 조상에게 복(福)을 빈다는 것은 나쁜 일은 아니다. 하지만 그것은 명리학과는 전혀 연관성이 없다.

명리학은 영(靈)적인 신비주의(神祕主義)가 아니다. 명리학은 천문학(天文學)이며 태양의 빛이 지구의 생명체에 작용한 에너지를 십간 (十干) 십이지(十二支)로 정하고 생명체의 기운(氣運)을 상징적으로 표기하여 해석할 뿐이다. 태어난 연월일시(年月日時)는 태양의 에너지를 말하며 그것은 우리에게 주어진 삶인 것이다.

'조상을 잘 모시면 자식이 출세한다.' 는 논리는 유교의 논리다. 양반들은 자신의 혈통을 얼마나 중요시했겠는가? 노비들도 그렇게 생각했을까? 부와 권력을 이어받은 양반들은 핏줄을 과시하며 조상의 그것을 지키려고 했겠지만 비참함만 물려받은 노비는 혈통을 바꾸고 새로운 세상을 만들려고 했을 것이다.

조선시대까지 제사는 양반의 전유물(專有物)이었고 일반 서민들은 접근조차 할 수 없는 영역이었다. 조선말기와 일제강점기를 지나면서 성씨(姓氏)가 없었던 대다수의 서민이 각자의 족보를 만들게 되었고 그동안 누리지 못했던 '제사' 지내기가 열풍처럼 일어나 지금에 이른 것이다.

명리학의 관점에서 조상에게 제사를 지내면 내가 도움을 받을 수 있을까?

조상이 나에게 음덕(蔭德)을 베풀지 못했다면 제사는 큰 의미가 없다. 사주에서 조상과 부모는 년월(年月)에 해당하는데 여기서 혜택이 없으면 나와 인연이 약한 것이다. 무엇이 인연을 말해 주는가? 물질적인 유산(遺産)이다. 년월(年月)에서 얻지 못하는 재관財官 ☞ 재물과 지위을 일시(日時)에서 얻었다면 자수성가(自手成家)를 말하며 이미 조상과는 물질적으로 단절된 것이다.

<乾命>

丙辰일주는 학교에 적응 못하고 각종 폭력사건을 일으켜 부모를 힘들게 했다. 년월年月을 살펴보면 午卯파로 갈등만 가득하고 일시日時는 子辰으로 자신이 물질적인 성취가 가능하다. 년월年月—조상과 부모를 떠나 일시日時—타향로 가야 함을 말한다. 고향[조상의 터전]을 떠나 타향에서 자립해야 한다.

조상에게 물려받은 재물(財物)은 자손들을 쉽게 일어설 수 있게 하는 원동력이 된다. 아버지 대(代)에 일어난 부(富)는 청년기(靑年期)부터 혜택을 받는 것이라면 할아버지 대(代)에 완성되어 상속된 부(富)는 초년(初年)부터 큰 영향을 끼친다.

년(年)은 인생이 시작되는 시점이며 사주팔자(四柱八字)의 뿌리로서 년(年)에서 큰 재물[財]을 이루면 어린 시절부터 뛰어난 삶을 예고한다. 년(年)의 부(富)는 일(日)까지 영향을 미쳐 보통 3대(代)까지 이른다. 할아버지가 이룬 재산을 아버지가 손상시켜도 자신은 어느 정도

먹고 살 수 있다는 것을 말하는 것이다. 조상의 음덕(陰德)이라는 것은 바로 이것을 말한다.

할아버지의 부(富)가 나〔日柱〕에게까지 도달하게 한 것은 조상의 은혜가 큰 것이다. 과거와 현재가 연결된 것인데 조상을 공경하고 경의를 표해야 한다. 조상의 공(功)으로 내가 먹고 살기 때문이다.

<乾命>

時	日	月	年
戊	壬	戊	甲
申	子	辰	午

◉대운

73	63	53	43	33	23	13	3
丙	乙	甲	癸	壬	辛	庚	己
子	亥	戌	酉	申	未	午	巳

壬子일주의 할아버지〔甲午〕는 지방의 유지有志로 큰 부자였는데 아버지 代에 재산이 줄었지만 자신〔壬子〕이 다시 일으켜 큰 부동산을 보유하고 있으며 자식들은 모두 서울대학교를 졸업하였다.

이 사주의 핵심은 년年에 있는 甲午다. 甲午의 역량이 매우 큰데 여기서 파생된 재물財物이 4대〔증손자-戊申〕까지 영향을 주었다. 할아버지의 부富가 3대를 넘어 4대까지 영향을 주는 경우다.

壬子일주는 장남長男이 아닌데도 부모님을 모시고 조상의 각종 제사를 모두 이어받았다.

제사는 조상이 나에게 물려준 생명에 감사하며 경의를 표하는 의식이다. 조상에게 제사를 올려 출세와 성공을 빈다는 것은 맹목적인 기복신앙(祈福信仰)으로 철학적 변명도 없고 종교적 깊이도 없다.

01 명리학의 이해

조상의 음덕(蔭德)은 자신이 현실에서 바로 알 수 있는 문제다. 힘들게 혼자 힘으로 일어나 큰 부(富)를 이루었다면 조상 덕(德)이 아니라 자신의 능력 때문이다. 주변을 돌아보아라! (종교적인 이유로) 제사를 안 지내도 뛰어나게 출세하고 잘사는 집이 아주 많다.

　자신의 인생 문제는 조상에게서 찾지 말고 자기 안에서 찾아야 할 것이다.

이런 사주가 부귀(富貴)한 사주다

'사주(四柱) 좋은 것보다 운(運) 좋은 것이 낫다.'는 말을 흔히 들었을 것이다. 뛰어난 능력으로 태어났지만 운(運)이 나빠 실패하는 것보다는 평범한 능력이지만 운(運)이 좋아 성공하는 삶이 더 낫다는 것을 비유한 말이다. 이 말은 잘못된 말이다. 사주가 좋으면 나쁜 운이 별로 없고 사주가 나쁘면 좋은 운이 별로 없다.

잘 나가던 사람이 한순간에 몰락하는 경우와 힘들게 살다가 크게 성공하여 인생역전을 이루는 경우는 이미 사주팔자에서 나타나 있는 것이며 운(運)은 부연(敷衍)이다. 거지팔자는 운이 좋아도 거지이며 한때 거지였다가 큰 부(富)를 이룬 사람은 부자팔자를 타고난 사람인 것이다.

좋은 사주는 8개의 글자가 효율적이면서 안정적으로 배치되어 좋은 운에서는 크게 발전하고 나쁜 운에서도 크게 동요되지 않기에 결과적으로 일생동안 부귀영화(富貴榮華)를 누릴 수 있다. 좋지 않은 사주는 8개의 글자가 불안정하고 능률이 없어 어떠한 운이 오더라도 불안정하게 동요만 있기에 일생동안 성취를 이루지 못한다.

세상에는 평범한 사람들이 대부분을 차지하며 뛰어난 능력을 가진 사람은 드물게 볼 수 있다. 좋은 사주는 매우 탄탄한 구조를 가지는 경우가 많은데 택일을 정하여 임의로 날짜를 조합한다고 해서 쉽게 구성되는 것이 아니다.

그렇다면 어떤 사주가 부귀(富貴)한 사주인가?
사주의 귀천(貴賤)을 어떤 기준으로 정해야 하는가?

인생을 성공하고 실패하고는 개인적인 의미가 아니다. 자화자찬(自畵自讚)으로 '내 인생을 이렇게 살았으니 참으로 의미 있다'로 했다면 개인적 인생철학일 뿐이지 명리학에서 바라보는 관점은 아니다.

명리학에서 말하는 성공은 매우 현실적인데 재물을 많이 얻어 부(富)하거나 높은 지위를 가져 귀(貴)하거나 지위와 재물을 동시에 이루어 부귀(富貴)하게 되는 경우를 말한다.

무엇으로 사주(四柱)의 귀천(貴賤)을 알 수 있는가?
사주(四柱)의 중심은 일주(日柱-자신)이다. 일주(日柱)가 사주팔자

(四柱八字)의 연월일시(年月日時)를 얼마만큼 지배하고 얻느냐가 귀천(貴賤)을 가리는 중요한 기준이다.

우주의 기원에 대해서 언급할 때 서양에서는 카오스(chaos)를 먼저 설명하고 동양에서는 무극(無極)을 설명한다. 혼돈, 무질서인 것이다. 이 시기를 지나면 질서가 잡히면서 태극(太極)의 시대가 오게 된다. 이 태극(太極)은 음(陰)과 양(陽)의 구분을 말하는데 이것은 매우 중요한 내용이다. 사물의 기운(氣運)이 음양(陰陽)으로 분리되면서 서로 변화시키고 발전시킴을 말해 준다. 대한민국의 태극기 중앙에 있는 태극(太極)은 음양(陰陽)을 상징하며 파란색과 빨강색이 서로 교차하면서 변화 발전하고 있는 형상(形象)이다.

일반적으로 사주명리학을 설명할 때 목화토금수(木火土金水)를 가지고 논하는 오행론(五行論)을 먼저 생각하는데 그것은 음양(陰陽)을 앞서지 못한다. 오행(五行)은 음양(陰陽)이 있은 이후에 발생한 것으로 음양(陰陽)을 먼저 해석하고 오행(五行)을 부가적으로 이해해야 한다.

사주(四柱)를 파악할 때는 일주(日柱)가 가진 세력이 음(陰)인지 양(陽)인지를 먼저 판단해야 한다. 일주(日柱)의 세력이 양(陽)이라면 연월일시(年月日時)에서 얼마만큼 음(陰)을 굴복시킬 수 있는 여건이 되는지를 찾아야 한다. 반대로 음(陰)이면 사주 전체에서 양(陽)을 굴복시킬 수 있는 여건이 얼마나 되는지 찾아야 한다.

사주의 그릇은 여기에서 결정된다. 귀(貴)한 사주는 다양한 방식으로 연월일시(年月日時)에 이르는 세력을 자신〔日柱〕이 지배하지만 그렇지 못한 사주는 사주의 특정 일부분만 지배하거나 타 세력에 의해서 일주(日柱)마저 지배당한다.

일반적으로 알려진 명리 이론의 월령(月令)과 조후(調候)로는 귀천(貴賤)이 설명되지 않는다. 일주(日柱)의 지배력이 그것을 설명할 수 있다.

사람들이 사는 세상은 경쟁의 연속이다. 자신의 능력이 뛰어나지 못하면 상대방에게 내 밥그릇을 뺏기는 상황은 늘 계속된다. 조상이나 부모를 잘 만나 상당한 재산을 물려받았다면 능력이 부족해도 여유롭게 살아갈 수 있지만 그런 팔자는 흔하지 않다.

자신〔日柱〕이 연월일시(年月日時)를 장악하려고 하면 반드시 영향을 주는 요소가 있다. 그것은 겁재劫財 ☞ 동일한 오행인데 陰陽이 다른 것. 겁재(劫財)가 어떤 성향을 가지느냐에 따라 인생이 크게 성공할 수도 있고 완전히 망할 수도 있다.

예로 사주 전체를 통해서 겁재(劫財)를 크게 제압한다면 큰 성공을 이루지만 겁재(劫財)에게 연월일시(年月日時)를 모두 빼앗긴다면 목숨도 보장하기 힘들다.

다음의 사주를 살펴보자.

<坤命>

時	日	月	年
丙	癸	辛	壬
辰	酉	亥	寅

癸酉일주는 壬寅년 辛亥월 丙辰시까지 연월일시年月日時에 모두 관여하여 지배력을 가지고 있다. 癸酉가 연월일시年月日時를 지배할 수 있는 이유는 丙辰時을 얻었기 때문이다.

이 사주의 주인공은 교육공무원인데 남편이 대기업 이사로 수억대의 연봉을 받았고 자녀는 모두 서울대학교를 졸업했으며 오빠는 서울대학교 법대를 나와 법조인이 되었다.

癸酉일주는 무엇이 복을 말해 줄까?

癸酉(본인)가 丙辰(남편)과 酉辰합을 하면서 壬寅(年)과 辛亥(月)까지 지배력을 가지게 되었다. 辰(水庫)에 辛亥와 壬寅이 입묘(入墓)한 것이다. 일지 酉는 辛으로 올라가 亥로 내려가고 다시 亥가 壬으로 올라가 寅까지 확장되었다가 辰에 입묘(入墓)되고 이것을 丙이 통제하였다.

도식적으로 표현하자면 癸酉 ╱辛 ↓亥 ╱壬 ↓寅 ⇒ 丙辰 이런 식인데 결국 丙辰이 모두 통제하는 것으로 丙辰과 합한 癸酉도 같은 복(福)을 누리는 것이다.

연월일시(年月日時)가 연합되어 공(功)을 이룬 사주는 그 해당 요소들이 모두 뛰어나다.

亥는 오빠인데 辰에 입묘(入墓)했기에 뛰어나다. 亥는 겁재(劫財)지만 癸酉[본인]와 뜻을 같이하였다.

<坤命>

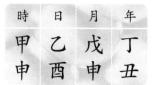

위의 乙酉일주는 할아버지가 재산이 많았고 아버지도 큰 사업을 하였다. 申酉申이 丑에 입묘入墓하는 것이 공功인데 戊申[아버지]도 일조하였다. 사주에서 공功을 이루는 요소는 반드시 뛰어나다.

<坤命>

壬戌일주는 辰戌충으로 戌[財庫]이 열렸다. 보통 일지日支의 재고財庫가 열렸을 경우 부자사주라고 말하는데 위의 사주는 부자가 아니다. 戊申년 庚申월의 작용이 없고 壬甲辰[日時]의 능력으로만 戌을 열었기 때문이다.

대학교 졸업 때까지 부모님의 도움을 별로 받지 못하고 자립했으며 중년에 사업을 해서 돈을 잘 벌었지만 그냥 중산층이다.

지지(地支)의 辰戌申申을 보았는데 辰戌충 외에는 申申은 쓸모가 없다. 이렇게 되면 辰戌충의 능력이 한계를 가진다. 공(功)이 줄어든 만큼이나 그 요소인 甲辰[자식]과 戌[남편] 능력도 한계를 가진다. 재고(財庫)가 열렸다는 것은 일단 평범 이상이다.

<坤命>

丙申일주는 丙일간이 丁巳와 연결되어 한몸[一體]을 이루었다. 연일시年日時가 온통 살기殺氣로 가득한데 이것을 풀어낼 방법이 전혀 없다. 오히려 연일시年日時의 水기운[殺]에 丙丁巳 火세력이 심하게 극剋을 당했다. 사주에서 이런 상象을 이루면 정상적인 사회생활이 힘들어지며 연애도 어렵다. 세상과 남자들이 모두 나를 극剋하는 존재가 되기 때문이다. 30대까지 이루는 것이 아무것도 없었으며 결국엔 정신병이 발병하였다.

丙丁巳의 약한 火가 엄청난 세력을 가진 水 살기(殺氣)와 맞섰다. 살기(殺氣)는 인성(印星)으로 설(洩)하거나 식상(食傷)으로 제압해야 하는데 아무것도 안 되었다. 자신이 세상을 통제하는 것이 아니라 세상[殺]이 자신을 통제하게 된 것이다. 丙申일주는 근본적인 결함을 가졌기에 어떤 운(運)이 오더라도 결코 귀(貴)해질 수 없다.

01 명리학의 이해

명문대시주

명문대 가는 사주

02

명문대 서주

사주 해석 방법

　명리학을 공부하면서 사주팔자(四柱八字)를 이해하기 위해서 여러 자료를 접하였다.

　일반적으로 사주 해석은 『자평진전(子平眞詮)』에서 비롯된 이법(理法), 『난강망(欄江網)』으로 대표되는 기법(氣法), 『적천수』의 이기론(理氣論), 용신론(用神論) 등을 토대로 한난조습(寒暖燥濕)과 중화(中和)의 관점에서 신살(神殺)을 가미하여 해석한다.

　예를 들면 월지(月支)를 기준으로 신약(身弱)한 사주는 인비(印比)를 기뻐하고 신강(身强)한 사주는 식재관(食財官)을 좋아하며 중화(中和)를 이룬 사주는 좋고 중화(中和)를 잃은 사주는 그것을 이루는 시점에서 발전한다는 식이다.

중화(中和)가 완전히 깨져 하나의 세력(勢力)이 사주 전체를 장악한 것은 종격(從格)이라 하는데, 옛날부터 귀명(貴命)이라 했고 운(運)에서 종(從)하는 세력에 순응하면 좋고 반역(反逆)하면 안 좋다고 하였다.

실제 감명을 해보면 위의 중화(中和)와 종격(從格) 이론은 정확하지 않다.

중화(中和)를 이루었지만 평범한 경우가 있고 그것을 잃었지만 부귀한 명(命)도 많다. 종격(從格)을 이루어 귀(貴)한 사람도 있지만 그 반대인 경우도 많으며 운(運)에서 종(從)하는 세력에 역행(逆行)해도 잘 풀리는 경우가 있고 순응(順應)해도 안 좋은 경우가 있다.

이런 사주 해석의 문제점을 상당수의 역학자들은 옛 이론의 문제점에서 찾지 않고 엉뚱한 곳에서 찾았다. '인간의 의지에 의해서 삶이 바뀌었다.' 라고 설명한 것이다. 자기[역학자]가 해석할 수 없는 사주팔자(四柱八字)가 있다는 것은 아직도 명리학(命理學) 지식(知識)이 완전하지 못하다는 것을 의미한다.

명리학(命理學)은 인생을 예측하는 학문으로 '삶은 결정되어 있다.'는 불변의 논리를 가진다. '노력에 의해서 이럴 수도 있고 저럴 수도 있다가 아니라 반드시 이렇게 된다.' 라고 판단하는 학문인 것이다.

사람이 신이 아닌 이상 인간의 미래를 100% 예측할 수는 없을 것이다. 하지만 명리학의 학문적 가치는 미래예측이기에 끊임없는 연구를 통해서 예측률을 높여야 한다.

'노력하면 시험에 합격할 수 있고, 열심히 살면 잘 살 수 있다.' 라는 말이 있다. 그것이 현실에서 실현되었는가? 누구나 똑같은 조건이라면 이 말은 맞는 말이다. 사람들은 제 각각 두뇌가 다르고 주어진 환경이 다르며 따라주는 운(運)도 다르다. 노력했지만 실패한 사람이 얼마나 많은가?

심령(心靈)적인 방법은 현실을 바꾸는데 도움을 줄 수 있을까?

마음의 안식은 얻을 수 있을 것이나 물질적인 환경이 변하지는 않을 것이다. 만약 명리학(命理學)에 운명을 바꾼다는 구실로 부적같은 주술이나 기도같은 종교의식을 가미한다면 이것도 저것도 아닌 잡탕(雜湯) 미신(迷信)과 흡사해질 것이다. 무당이 굿하는 것과 사주팔자를 읽는 것은 전혀 다른 개념이다.

다음은 사주팔자의 해석 관점을 주관적으로 정리해 본 것이다.

기존에 많이 익혀 왔던 명리 이론과 시각이 다르기에 어색하겠지만 이론보다는 실질적인 해석이 더 중요하다는 것에 초점을 맞추어 정리했기에 편견없이 읽어주었으면 좋겠다.

■1 월지(月支)를 절대시 여기지 않는다

월지는 전통명리에서 매우 중요하게 여기는데 월지와 그것에서 투간(透干)된 지장간(地藏干)을 통해서 그 사람의 빈부(貧富)·직업·성향을 판별할 수 있다고 일반적으로 설명한다.

예를 들어 월지(月支)가 정관(正官)이면 공직(公職)과 어울리는 공명정대한 성격을 가졌고, 재성(財星)일 때는 돈복이 있고 사업수완이 좋다고 말한다.

실재 감명을 하면 월지(月支) 정관(正官)이 있어도 육체노동자가 있는가 하면 월지(月支) 재성(財星)인데 관료직인 사람도 있다. 월지(月支)는 사주팔자(四柱八字)의 성격 분석에 의미 있는 자료를 제공하지만 직업과 빈부(貧富) 판별에는 뚜렷한 단서(端緒)를 주지 못한다.

월지(月支)가 강한 힘을 가졌지만 운명(運命)을 해석하는 절대적인 기준점이 될 수는 없다.

사주의 중심은 어디까지나 일주(日柱)이며 연월일시(年月日時)를 모두 파악해야 이해할 수 있다. 월(月)은 네 기둥(四柱)의 하나라는 점을 잊어서는 안 될 것이다.

2 종격(從格)과 화격(化格)이론은 취하지 않는다

종격과 화격에 대해서는 많은 연구가 있었지만 빈부귀천(貧富貴賤)과 대운(大運)의 변화에 따른 길흉(吉凶)을 명확하게 분석한 결과물은 아직까지 없었다.

종격과 화격에 대한 이론은 가종(假從)·가화(假化)까지 확대되었는데 상(象)만 존재하고 그런 사주들의 공통된 특징을 찾지는 못했다.

예로 진종(眞從) 사주인데 매우 가난하게 살다가 생을 마감했다면 고서(古書)에서 말하는 '진종(眞從)은 대길상(大吉象)'이라는 말과는 전혀 다르지 않은가? 종격(從格)인데 빈천한 삶을 살다간 사람들이 수두룩하다. 종격이론 자체에 문제가 있는 것이다.

종격(從格)이 왜 생겨났는지를 이해해야 한다.

종격이란 중화(中和)의 관점으로 해석이 안되는 사주들 중 한 가지 오행(五行)으로 편중된 사주들을 가리키는 말이다. 중화(中和)의 관점이 없어지면 종격(從格)이론은 존재할 이유가 없는 것이다.

❸ 방합(方合)을 인정하지 않는다

일반이론에서는 삼합(三合)이나 방합(方合)을 이룬 오행은 강한 힘을 얻는다고 말한다. 申子辰〔삼합〕이나 亥子丑〔방합〕을 이루면 매우 강한 水기운을 얻었다고 보는 것이다.

삼합(三合)이나 방합(方合)은 비슷한 개념 같지만 근본적으로 아주 다르기에 구분하여 이해할 필요가 있다.

삼합(三合)은 이질적인 세 가지 요소가 혼합하여 화학적으로 동일 성분이 된 것이지만 방합(方合)은 비슷한 성분이 그냥 나열되어 있을 뿐이다. 삼합(三合)이 생성된 오행의 기운을 증폭시킨다면 방합(方合)은 글자들의 계절적 방향이 동일할 뿐이다.

이런 이유 때문에 삼합(三合)과 방합(方合)은 다르게 해석해야 한다.

가령 申酉戌 金방합의 경우 戌은 매우 강성한 화고(火庫)이며 申酉는 戌에 여지없이 무너질 수 있는 요인을 항상 가지고 있는 것이지 申酉戌로 金이 왕성한 것이 아니다. 寅이나 巳가 원국에 있거나 대운에서 오면 戌이 강해지고 申酉는 약해질 수밖에 없다.

하지만 申子辰처럼 水삼합을 이루었다면 辰은 이미 土가 아니다.

❹ 합충형파천고(合沖刑破穿庫)를 사주 해석의 기본 원리로 삼는다

사주 해석에는 다양한 방법이 있는데 필자는 합충형파천고(合沖刑破穿庫)를 사주 해석의 기본으로 삼고 신살(神殺)과 공망(空亡)을 참고로 한다. 천(穿)은 상천살(穿)로서 맹파명리(盲派命理)에서 중시하는 원리이다. 종류별로 간단히 설명하면 다음과 같다.

■ 합_合

합(合)은 서로 마음이 맞는 것으로 밀착되고 소유한다는 의미를 가진다. 간섭받고 묶인다는 의미도 있다. 합(合)은 천간(天干)과 지지(地支)가 있는데 의미가 비슷하며 지지합이 천간합보다 중후하다.

천간합☞ 甲己合　乙庚合　丙辛合　丁壬合　戊癸合
지지합☞ 子丑合　寅亥合　卯戌合　辰酉合　巳申合　午未合

삼합(三合)은 세 가지의 서로 다른 요소가 뭉쳐 하나의 강렬한 기운이 생성된 것을 말한다. 삼합(三合)은 합(合)과 같은 성격을 가지며 반합(半合)도 합(合)이다.

삼합☞ 亥卯未(木局)　寅午戌(火局)　巳酉丑(金局)　申子辰(水局)

■ 충_沖

충(沖)은 두 개의 힘이 서로 충돌하는 것으로 파괴하거나 제압한다는 의미이다. 유통시키고 변화시킨다는 의미도 가진다.

천간충▷ 甲庚沖 乙辛沖 丙壬沖 丁癸沖

지지충▷ 子午沖 卯酉沖 寅申沖 巳亥沖 辰戌沖 丑未沖

■형_刑

형(刑)은 형벌(刑罰)로써 괴로움을 겪거나 일이 순조롭게 풀리지 않는 것을 말한다. 남에게 형벌(刑罰)을 가해야 결실을 얻을 수 있다는 의미도 있다.

형▷ 丑戌未刑 丑戌刑 戌未刑 寅巳申刑 寅巳刑

■파_破

파(破)는 깨뜨린다는 의미로 상대하는 글자를 상(傷)하게 하는 의미를 지닌다.

파▷ 子卯破 午卯破 午酉破

■천_穿

천(穿)은 상천살(相穿殺)로서 해(害)라고도 하는데 상대글자를 파괴한다는 의미를 가진다. 속도가 빠르고 뒤집어 엎는다는 의미도 있다.

천▷ 子未穿 丑午穿 寅巳穿 卯辰穿 申亥穿 酉戌穿

■고_庫

고(庫)는 창고(倉庫)의 의미로서 양이 많고 덩어리가 크며 단체를 의미한다. 입고(入庫)된 오행이 무력해진다는 의미도 있다. 필자는 묘고(墓庫)를 구분하지 않고 같은 의미로 사용하겠다.

고☞ 辰(水庫, 丑未庫) 戌(火庫) 丑(金庫) 未(木庫)

辰이 丑未의 庫라는 것은 단건업의 저서(박형규 역) 『맹파명리』에서 언급한 원리이다

5 일주(日柱)의 지배력으로 사주 그릇을 판단한다

일간(日干)은 자신이며 일지(日支)는 자신이 앉은 자리이다. 일주(日柱)는 자신과 연관된 것이니 일주(日柱)가 얼마만큼 연월일시(年月日時)에서 권력을 행사하느냐를 보고 사주의 귀천(貴賤)을 판단한다.

일간(日干)과 월지(月支)를 대비시켜 인비(印比)와 식재관(食財官)의 균형(均衡)을 추구하는 중화론(中和論)은 많은 사주들을 해석 불가능하게 만들었다. 사주 해석은 오행의 균형이 아니라 일주(日柱)의 지배력에서 찾아야 한다.

6 허자[도충(倒冲) 공협(拱夾) 충합(冲合) 형합(刑合) 등]를 생각하지 않는다

허자(虛字)는 월지(月支)를 중심으로 한 사주 이론에서 벗어난 일부 사주들을 설명하기 위해서 만들어낸 이론이다. 가령 사주에 관(官)이 없는데 관직이 높았던 사주에서 허자(虛字) 관(官)을 뽑아내고 재(財)가 없는데 부자인 사주에서 허자(虛字) 재(財)를 뽑아내었다.

오늘날 사람들에게서 허자론(虛字論)으로 해석할 수 있는 사주를 많이 볼 수 있었는데 옛 선인들이 말했던 귀(貴)한 것과는 많이 차이

가 있었다.

허자론(虛字論)은 관직을 관(官)으로만 보고 재물을 재(財)로만 보는 관점에서 만들어진 이론이다. 재관(財官)에 대한 관점이 유연해지면 허자(虛字)의 개념을 도입하여 무리하게 사주를 해석할 필요가 없을 것이다.

⑦ 신살(神殺)은 사주를 해석하는데 참고만 한다

사주를 해석할 때 신살(神殺)은 참고사항이 될 수 있지만 인생 전체를 말해 주지 않는다.

대표적인 흉살(凶殺) 중 하나인 백호대살(白虎大殺)의 경우를 든다면 혈광지살(血光之殺)이라 하여 '반드시 피를 보는 흉살'이라고 표현하는데, 이것이 사주 속에 있다고 '인생에서 한번은 반드시 흉한 일을 당할 것이다'라고 해석한다면 인생 전체에서 무슨 중요한 정보를 제공해 주는가?

세상을 살다 보면 좋은 일 나쁜 일을 많이 경험하는데 사람들의 관심사는 흉한 일을 겪느냐 그렇지 않느냐보다는 사회적으로 성공하느냐 돈을 많이 버느냐이다.

귀문관살(鬼門關殺)의 경우 '너무 예민하여 신경쇠약이나 정신이상에 걸릴 수 있고 한 가지 일에 광적으로 빠져들 수 있다'라고 말하는데 인생 전체의 승패에 어떤 단서를 제공해 주는가?

신살(神殺)은 사주 해석에서 보조 메뉴이지 주 메뉴가 아니다. 주 메뉴는 일주(日柱) 중심의 음양(陰陽) 해석이다.

⑧ 사주는 원국(原局)이 우선이며 대운(大運)은 그 틀을 벗어나지 않는다

사주는 원국의 그릇이 커야 한다. 사주의 그릇은 인생에서 담을 수 있는 복의 크기를 말하는데 큰 와인 잔과 작은 소주 잔의 차이로 비유할 수 있다. 와인 잔은 운이 나빠 술을 적게 채워도 기본은 하지만 작은 소주 잔은 운이 좋아도 많은 양을 채울 수 없으며 운이 나쁘면 배고프고 궁핍하다.

사주원국은 대운(大運)까지 함축하고 있기에 일단 큰 그릇으로 만들어지는 것이 중요하다. 와인 잔에 가득 담아 푸짐하고 시원스럽게 마시는 술맛과 소주 잔으로 간결하게 입가심하는 것은 근본적인 차이가 있는 것이다.

명문대를 갈 수 있는 사주의 조건

명문대에 들어갈 수 있는 사주의 조건은 아래와 같다.

어떤 대학교가 명문대인지 그 범위는 개인마다 차이가 있겠지만 사회적인 통념에 비추어서 판단할 수 있는 부분이라고 보며 의과대학이나 약과대학은 대학교를 구별하지 않고 명문과로 분류할 수 있다.

1 연합된 강한 세력(勢力)이 상대 세력(勢力)을 제압하는 사주

> **조건 1** 대운이 사주의 짜임새를 무너뜨리지 말아야 한다.

> **조건 2** 제압당하는 세력(勢力)이 약할 경우 대운에서 그 세력의 힘이 강해져야 한다.

> **조건 3** 제압당하는 세력(勢力)이 강할 경우 대운에서 제압하는 세력의 힘이 강해져야 한다.

일반적으로 가장 많이 볼 수 있는 사주의 형태이다.

연합된 강한 세력이 상대 세력을 제압한다는 말은 양(陽)의 세력이 음(陰)을 제압하든지 음(陰)의 세력이 양(陽)을 제압한다는 의미이다.

제압하는 세력이 월등히 강해야겠지만 제압당하는 세력도 약해서는 안 된다. 만약 음양(陰陽)의 세력이 균등하여 서로 제압이 안 되면 평범한 소시민이다.

제압은 지지(地支)를 먼저 보고 천간(天干)은 지지(地支)의 상황을 보고 판단한다. 지지(地支)는 물질적 환경으로 지지(地支)에서 이루어졌다는 것은 재물[財]을 얻었다는 의미다. 천간(天干)까지 제압이 이루어진다면 귀(貴)까지 얻은 것이다.

천간지지(天干地支)를 음양(陰陽)으로 구분하면 아래와 같다.

천간(天干)은 甲 乙 丙 丁 戊는 양(陽)에 속하고 庚 辛 壬 癸는 음(陰)에 속하며 己는 상황에 따라서 음(陰)이 될 수 있고 양(陽)이 될 수도 있다.

지지(地支)는 寅 卯 巳 午의 양지(陽地)와 未 戌의 양토(陽土)가 양(陽)에 속하며 申 酉 亥 子의 음지(陰地)와 丑 辰의 음토(陰土)가 음(陰)에 속한다.

木 火 火 木
火 金 金 火

木火의 세력이 金을 제압하였다. 천간 火가 지지 金을 눌러 제압했고 년시年時 양쪽 지지의 火가 월일月日 金을 포위하여 큰 공을 이루어 귀貴하다. 제압하는 세력도 크고 제압당하는 세력도 크다. 이런 상象은 제압하는 사주의 전형을 보여준다.

② 강성한 세력(勢力)이 힘차게 설기(洩氣)하는 사주

> **조건 1** 대운이 사주의 짜임새를 무너뜨리지 말아야 한다.
> **조건 2** 설기(洩氣)된 세력(勢力)이 온전해야 한다.

강성한 세력이 힘차게 설기(洩氣)하는 경우는 식상(食傷)의 기운이 강렬하게 표출된 경우와 관살(官殺)의 기운이 인성(印星)으로 연결된 경우를 말한다.

귀격(貴格)의 대표적인 유형으로 꼽는 목화통명(木火通明)은 강한 木기운이 火로 누설되는 것을 말하며 화토상관(火土傷官)이나 수목상관(水木傷官)도 이러한 이치로 설명할 수 있다.

관인상생(官印相生) 혹은 살인상생(殺印相生)은 관살(官殺)의 기운이 인성(印星)으로 연결되는 경우인데 명문대 진학에 좋은 조건이 된다. 관살(官殺)을 인성(印星)으로 설기하는 방식은 학력에는 도움이 되나 사회적인 큰 성취를 위해서는 복합적인 공(功)이 필요하다.

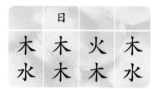

木의 거대한 세력이 천간 火로 설기되었다. 水 → 木 → 火로 이어지며 누설되는 기운이 극대화되었다. 목화통명木火通明으로 木의 기운이 월간月干 火에 집중되어 매우 귀貴한 사주 형태를 갖추었다.

③ 강성한 세력고(勢力庫)를 다스리는 사주

조건1 대운이 사주의 짜임새를 무너뜨리지 말아야 한다.

조건2 고(庫)의 역량이 커야 한다.

조건3 대운에서 고(庫)를 깨거나 입고(入庫)를 막지 말아야 한다.

고(庫)는 하나의 세력의 힘이 응축된 것을 말하며 고(庫)를 통제하는 것은 그 힘을 통제하는 것을 말한다. 고(庫)의 종류는 辰戌丑未 네 가지이며 辰은 丑·未의 고(庫)이면서 수고(水庫), 戌은 화고(火庫), 丑은 금고(金庫), 未는 목고(木庫)이다.

고(庫)를 다스리는 형식은 고(庫)의 역량이 커야 그릇이 커진다. 甲辰처럼 甲일간이 辰고[辰은 財이므로 재고(財庫)이며 水庫이므로 인성고(印星庫)이다]를 다스리는 경우는 辰 속에 많은 것을 입고시켜야 역

량이 커진다. 甲辰일주가 지지에서 丑未를 보았다면 엄청난 역량을
지닌 것을 말한다.

甲이 辰을 통제하는데 辰 속으로 未丑亥가 모두 들어왔다. 丑은 관
살고官殺庫이자 재고財庫, 未는 겁재고劫財庫이자 재고財庫, 亥는 인성
印星으로 辰〔財庫이자 印星庫〕으로 모두 들어왔다. 고庫의 역량이 엄
청나다. 더군다나 丑未충으로 입고入庫 전에 이미 양쪽 고庫를 열었기
에 재물과 권력 모두 뛰어나다고 할 수 있다.

４ 앞의 １, ２, ３의 경우가 대운에서 성립되는 사주

> **조건 １** 대운에서 연합된 강한 세력(勢力)이 상대 세력(勢力)을 제
> 압할 때
> **조건 ２** 대운에서 강성한 세력(勢力)이 힘차게 설기(洩氣)할 경우
> **조건 ３** 대운에서 강성한 세력고(勢力庫)를 제압하는 경우

대운(大運)에서 강한 세력(勢力)이 상대 세력(勢力)을 제압하는 사주
는 가장 많이 볼 수 있는 형태이다.

음양(陰陽)의 균형을 이룬 사주는 평범한데 대운(大運)에서 크게 양

(陽)의 세력이 음(陰)을 제압하든지 음(陰)의 세력이 양(陽)을 제압할 경우 일시적으로 성취할 수 있다. 제압당하는 세력이 매우 약한데 대운(大運)에서 힘을 얻는 경우도 마찬가지다.

강성한 세력(勢力)이 대운(大運)에서 힘차게 설기(洩氣)하는 경우는 목화통명(木火通明)이 대표적 예다. 사주원국에서 비겁(比劫) 木이 강하고 火를 얻지 못했는데 대운(大運)에서 火를 얻으면 귀(貴)해진다. 살기(殺氣)가 강하고 인성(印星)으로 설기(洩氣)되지 않았는데 대운에서 인성(印星)을 만나면 살인상생(殺印相生)을 이루어 뜻을 이룬다.

사주원국에서 통제되지 않던 세력이 대운(大運)에서 고(庫)를 만나 통제되는 경우도 학업성취를 이루는 요건이 된다.

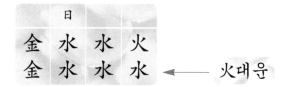

金水가 큰 세력을 이루었는데 제압하고자 하는 火 세력이 매우 미흡하다. 火대운을 만나면 천간 火가 강해져 '강한 세력勢力이 상대 세력 勢力을 제압하는 사주' 상象을 가지게 된다. 대운에서 제압하는 사주 형식이 성립되는 전형적인 도식이다.

日
木　木　木　木
水　木　土　水 ⟵ 火대운

사주원국에서 강한 木기운이 火를 만나지 못하여 귀貴를 이루지 못했다. 대운에서 火를 만나면 木의 강한 기운이 설기되어 목화통명木火通明을 이룬다. 대운에서 살인상생殺印相生을 이루는 것과 함께 운에서 강성한 세력勢力이 힘차게 설기洩氣되는 경우다.

日
水　戊　戊　水
水　水　戌　水 ⟵ 辰대운

水의 방대한 세력을 戊〔日干〕가 통제할 방법이 없다. 辰대운을 만나면 水가 모두 辰에 입고入庫되어 辰戌충으로 水 세력을 모두 잡을 수 있다. 대운에서 고庫를 이용하여 세력勢力을 통제한 것이다.

명문대 가는 사주

① 강한 세력(勢力)이 상대 세력(勢力)을 제압하는 사주

<乾命>

時	日	月	年
壬	丙	丙	壬
辰	申	午	子

⊙대운

71	61	51	41	31	21	11	1
甲	癸	壬	辛	庚	己	戊	丁
寅	丑	子	亥	戌	酉	申	未

丙申일주는 水〔壬辰申壬子〕 살殺 세력이 午〔羊刃〕를 제압하였다. 午〔羊刃〕의 크기도 丙午로써 힘이 강하다. 水火의 대비구조가 매우 깔끔하고 대운도 金水운으로 흘렀다. 살殺로써 양인을 제압하는 것은 권력을 말한다. 서울대학교를 졸업하고 현재 법조인으로 활동하고 있는 사주이다.

일반 이론에서는 앞의 丙申일주를 종격(從格)으로 해석할 수 있을 것이다.

만약 종격(從格)이라면 戌대운은 어떻게 설명할 것인가? 午戌합을 했으니 火기가 강해져 종(從)하는 세력에 역행(逆行)하는데 어떻게 순조로웠을까?

종격(從格)을 버리면 해석이 쉬워진다.

申〔일지〕이 水局〔申子辰〕을 이루어 양인〔午〕을 제압한 형태이다. 戌대운은 양인〔丙午〕이 戌에 입고(入庫)되는데 辰戌충으로 제압되어 좋다. 丙午는 나와 관련 없는 타인으로 양인〔午〕을 제압한다는 것은 좋은 의미이다.

만약 丁巳월이라면 문제가 달라진다. 丙일간과 丁巳월은 하나의 몸체를 이루어 水〔壬辰申壬子〕세력에 火가 도리어 제압당하기에 귀(貴)가 아니라 천(賤)으로 바뀐다.

아래 丁酉일주는 쇼핑몰에서 힘들게 일하는 점원 사주이다.

<乾命>

時	日	月	年
庚	丁	丁	癸
子	酉	巳	亥

⊙대운

71	61	51	41	31	21	11	1
己	庚	辛	壬	癸	甲	乙	丙
酉	戌	亥	子	丑	寅	卯	辰

백화점에서 쇼핑을 하다가 우연히 잘생긴 판매원을 보게 되었다.

멋진 얼굴과 남성다운 체격이 마치 유명 영화배우 같아서 드라마의 한 장면처럼 회장 아들이 경영수업을 위해서 말단 하위직 체험을 하고 있는 것이 아닐지 하는 착각을 하게 할 정도였다.

"아저씨는 여기서 판매원으로 있기에 너무 인물이 아까워 보입니다. 제가 역학 공부를 조금 했는데, 혹시 실례가 되지 않는다면 재미 삼아 사주 한번 보시겠습니까?"

사주 한번 보자는 말에 별 이상한 사람 다 있다는 표정으로 대수롭지 않다는 듯 생년월일시를 알려주었다.

"그냥 제 생각이니 참고만 하십시오. 아저씨는 머리로 하는 일보다는 몸으로 움직이는 일을 주로 했을 것입니다. 지금까지 여자를 사귄 적이 없었습니다. 돈 욕심이 많아서 마음은 큰 기업체를 운영하고 싶을 정도이나 정작 지금까지 돈을 번 적이 없습니다."

내가 한 말을 들은 그 사람은 놀란 표정으로 태도가 정중해졌다.

"전부 맞습니다. 책상에 앉아서 사무 보는 일을 싫어하고 몸으로 뛰는 일을 좋아합니다. 직장도 만족이 안 되어 여러 번 옮겼습니다. 여자는 지금까지 한 번도 사귄 적이 없습니다. 돈 욕심은 많은데 벌지는 못했습니다. 선생님! 제가 큰 돈을 벌 수 있을까요? 여자는 언제 만날 수 있는가요?"

丁酉일주는 火〔丁丁巳〕가 金水〔庚子酉癸亥〕와 水火 대치를 이루었는데 이런 상象은 귀천貴賤을 막론하고 모두 미남미녀美男美女이다.

왜 지금까지 여자 친구가 없었을까?

癸亥〔큰 돈〕에 집착하여 여자에 관심이 없었기 때문이다. 癸亥는 욕망 속의 재물로 절대 채워지지 않는다. 이런 사주 형태를 가지면 뜬구름을 잡기 위해 방랑자가 될 수 있다. 대운에서 해결될 문제가 아니다.

<坤命>

時	日	月	年
戊	壬	丙	壬
申	申	午	子

⊙대운

71	61	51	41	31	21	11	1
戊	己	庚	辛	壬	癸	甲	乙
戌	亥	子	丑	寅	卯	辰	巳

壬申일주는 水〔申壬申壬子〕 인비印比 세력이 火〔丙午-財〕를 제압하였다. 辰대운에 申子辰 수국水局을 이루어 서울대학교에 합격했으며 癸卯대운에 중등 교사가 되었다.

제압制壓 관계로 형성된 사주는 그 공功이 훼손되면 안 된다. 癸卯대운은 木이 火를 생生하여 水가 火를 제압하지 못한다. 子卯형 卯午파로 子午 충의 공功을 깨니 제압의 상象이 무너졌다.

귀貴한 사주가 직업을 잡을 시기에 대운에서 격格이 훼손되면 자신의 능력보다 낮게 직업을 선택하게 된다.

59

<乾命>

時	日	月	年
甲	甲	甲	己
戌	戌	戌	酉

⊙대운

76	66	56	46	36	26	16	6
丙	丁	戊	己	庚	辛	壬	癸
寅	卯	辰	巳	午	未	申	酉

甲戌일주는 매우 튼튼한 구성을 가지고 있다. 甲戌이 복음伏吟으로 월일시月日時까지 장악하고 있으며 甲己합 酉戌천으로 己酉〔財官〕를 완전히 잡았다. 명문대 출신으로 교수가 되었다.

집어일점集於一點으로 甲戌 甲戌 甲戌이 己酉에 집중되었다.
甲戌일주는 복합적인 공功이 있는데 甲이 월일시月日時에서 戌〔財庫, 傷官庫〕을 모두 통제한 것이 첫 번째 공功이다. 戌은 재물〔財〕이자 제자들인데 거대한 무리를 형성했다. 戌戌戌이 酉를 제압하는 것이 두 번째 공功인데 己酉가 년年에 있어 귀貴가 아주 크다.
강한 양陽이 酉〔陰〕를 제압한 전형典型적인 의사의 상象이다.
金火로 흐르는 대운도 좋다.

<坤命>

時	日	月	年
甲	戊	癸	壬
寅	午	丑	戌

⊙대운

78	68	58	48	38	28	18	8
乙	丙	丁	戊	己	庚	辛	壬
巳	午	未	申	酉	戌	亥	子

戊午일주는 火土〔甲寅戊午戌〕인비印比 세력이 金水〔癸丑壬〕식재食

財를 제압하였다. 癸丑 식상고食傷庫가 힘이 강한데 寅午戌 화국이 丑을 제압하는 형태를 가졌다. 辛대운은 丑이 응기하는 매우 좋은 시기로 이때에 서울대학교에 들어갔다.

火가 金을 제압하는 사주는 원래 큰 그릇이다. 火 인성印星과 土 비겁比劫이 연합하여 金水 식재〔食傷財星〕를 동시에 제압하는 사주는 큰 권력의 상象으로 지위地位와 품격品格이 높다.

다음의 戊申일주는 중국 역사상 최고의 황제로 추앙받는 강희제(康熙帝)의 사주이다.

<乾命>

時	日	月	年
丁	戊	戊	甲
巳	申	辰	午

⊙대운

61	51	41	31	21	11	1
乙	甲	癸	壬	辛	庚	己
亥	戌	酉	申	未	午	巳

천간지지天干地支에서 火 인성〔丁巳甲午〕과 土 비겁〔戊戊〕이 金水〔食財－申辰〕 세력을 제압하여 그릇이 아주 크다. 초년부터 강한 火대운을 만나 빛을 발하는데 8세의 어린 나이에 황제가 되어 61년간 제위하면서 역사에 빛나는 태평성대太平聖代를 이루었다.

火土가 金水를 제압하는 사주는 水가 일어나면 멸망한다. 乙亥대운에 水가 힘을 얻었다. 乙亥대운 69세 壬寅년에 丁巳〔印星〕가 깨지면서 천수天壽를 다하였다.

다음의 戊寅일주는 고인이 된 노무현 대통령의 사주이다.

<乾命>

時	日	月	年
丙	戊	丙	丙
辰	寅	申	戌

⊙대운

63	53	43	33	23	13	3
癸	壬	辛	庚	己	戊	丁
卯	寅	丑	子	亥	戌	酉

천간天干을 火土〔丙戊丙丙〕 인비印比가 장악했으며 지지地支는 寅戌합 辰戌충 寅申충으로 火 인성국〔寅戌〕과 비겁〔戌〕이 식재〔申辰-食財〕를 제압하였다. 辰이 없고 申만 있었다면 평범한 삶을 살았을 것이다. 한 나라의 대통령이 될 수 있었던 것은 申과 辰을 모두 보았기 때문이다.

이 사주는 辰〔水〕이 살아나면 멸망하고 戌〔火〕이 살아나면 크게 흥한다. 癸대운에 辰이 힘을 얻었다. 己丑년에 겁재〔己〕가 丑〔傷官庫-구설수〕을 몰아와서 辰戌충 丑戌형 寅申충으로 金水〔申辰丑〕가 火〔戌寅〕를 괴멸시켜 63세에 서거하였다. 사주원국에서 辰이 존재한다는 것은 癸대운을 쉽게 넘을 수 없다는 것을 말해 준다.

노무현 대통령은 金水대운으로 달려와서 木대운에 짧지만 크게 세상의 빛을 밝히고 삶을 마감하였다. 만약 木火대운으로 달렸다면 훨씬 더 큰 업적을 남겼을 것이다.

다음의 丁丑일주는 중국 명나라를 건국했던 주원장(朱元璋)의 사주이다.

<乾命>

時	日	月	年
丁	丁	壬	戊
未	丑	戌	辰

⊙대운

63	53	43	33	23	13	3
己	戊	丁	丙	乙	甲	癸
巳	辰	卯	寅	丑	子	亥

주원장의 사주도 火土〔丁未丁戌戊〕가 金水〔丑辰〕를 제압하는 형식인데 식상〔食傷-陽〕으로 식상〔食傷-陰〕을 잡았다. 양陽 상관〔戌〕의 힘이 강한데 이것으로 음陰 상관〔辰〕을 극剋하고 음陰 식신〔丑〕까지 극剋하였다.

辰은 명나라를 건국 이전의 정적政敵으로 강력한 힘을 가졌다. 丙寅대운이 되면 辰이 완전히 괴멸되는데 황제로 등극한 시기가 이때다. 辰을 멸滅하면 다음은 丑이 멸滅할 차례다. 황제로 등극한 명태조는 자신을 황제로 올린 수만 명의 공신들을 모두 죽였다.

앞에서 설명한 2가지 명조〔노무현 (전)대통령, 강희제〕는 인성(印星)으로 공(功)을 세웠기에 덕치(德治)이나 주원장은 상관(傷官)으로 공(功)을 세웠기에 칼〔刀〕의 정치이다.

상관견관(傷官見官)은 관살(官殺)을 제압하느냐 제압하지 못하느냐의 문제이다.

丁丑일주 주원장은 癸亥대운 甲子대운에는 辰〔官殺庫〕 관살官殺이 강하여 단지 도적의 한 명일 뿐이었다. 乙丑대운은 乙이 丑을 지배하는 것으로 戊이 힘을 얻어 크게 일어났고 丙寅대운에는 丑辰을 완전히 지배하므로 천하를 통치하게 되었다.

주원장이 지지(地支)에서 辰戌丑未를 얻었기에 황제가 되었을까?

김영삼 대통령의 사주에 辰戌丑未가 있다며 사묘지(四墓地)를 가지면 대길상(大吉象)으로 설명하기도 하는데 과연 그러한가?

<坤命>

時	日	月	年
辛	己	庚	壬
未	丑	戌	辰

⊙대운

61	51	41	31	21	11	1
癸	甲	乙	丙	丁	戊	己
卯	辰	巳	午	未	申	酉

己丑일주는 세상의 뜻을 접고 종교에 귀의歸依하였다.

이 사주는 陰〔辛己丑庚壬辰〕으로 陽〔戌未〕을 잡고자 하는 의도를 가지고 있다. 천간天干은 음陰이 지배했지만 지지地支는 양陽이 지배하여 이미 내가 바라는 바와는 전혀 다른 현실이 펼쳐졌다. 대운을 보아도 丁未대운부터 양陽으로 흘러 현실에서 뜻을 펼치기 힘들다.

辰戌丑未가 있으니 큰 뜻을 품었지만 운運을 따르지 않아 이루지 못한 것일까?

아니다. 壬辰〔年〕으로 己丑〔일주〕이 입묘入墓하여 기개氣概를 가진 성격
이 아니라 은둔자다. 자신은 壬辰〔조직〕에 소속된 것이며 壬辰이 운이 안
좋아 크지 못했다.

<坤命>

時	日	月	年
丙	癸	丁	壬
辰	丑	未	戌

⊙대운

77	67	57	47	37	27	17	7
己	庚	辛	壬	癸	甲	乙	丙
亥	子	丑	寅	卯	辰	巳	午

癸丑일주는 계속 안정된 직장을 얻지 못했다. 壬戌〔劫財〕이 주도권을
잡았기 때문이다. 대운도 火木으로 달리고 있어 자신이 세상에서 뜻을
펼치기 힘들다.

辰戌丑未는 그냥 4개의 지지(地支)일 뿐이다.
만약 이 4개를 모두 자신이 통솔한다면 큰 그릇을 이룰 수 있으나
그렇지 않다면 별다른 의미를 주지 않는다.

<坤命>

時	日	月	年
甲	己	癸	癸
子	巳	亥	丑

⊙대운

73	63	53	43	33	23	13	3
辛	庚	己	戊	丁	丙	乙	甲
未	午	巳	辰	卯	寅	丑	子

己巳일주는 水〔子癸亥癸丑〕 재성財星이 火〔巳〕 인성印星을 제압하였

다. 己巳는 약하지는 않으나 일지日支에 있어 역량이 크지 않다. 丑대운
壬申년에 서울대학교에 합격하였고 丙寅대운에 중등 교사가 되었다.

일간 己가 甲子와 합合을 하여 水〔亥子丑〕를 이용하여 巳를 제압하겠다는
의사를 표시했다. 子의 록〔祿-癸癸〕이 투간投干되고 子丑합 亥子丑으로
水가 세력화되었다.
丑대운 壬申년은 巳申합으로 명확하게 巳를 잡아 명문대에 진학했다.
土〔日干〕가 火〔印星〕를 얻을 경우 火土로써 金水를 제압하는 것이 정법
正法이다. 己巳일주처럼 역으로 水〔財星〕가 火〔印星〕를 잡으면 전자前者
만 못하다.

<坤命>

時	日	月	年
壬	戊	戊	庚
子	辰	子	戌

⊙대운

73	63	53	43	33	23	13	3
庚	辛	壬	癸	甲	乙	丙	丁
辰	巳	午	未	申	酉	戌	亥

戊辰일주는 辰에 입묘한 강한 水〔壬子子〕재성財星 세력을 이용하여
辰戌충으로 戌〔火庫〕 인성고印星庫를 열었다. 매우 깔끔한 형태의 사주
이며 년年에 있는 戌의 세력도 좋다. 丙戌대운에 서울대학교에 입학했
고 의사가 되었다.

辰이 戌을 제극한다는 것은 戌 때문에 辰을 사용할 수 있다는 의미이다. 辰〔財星庫〕이 戌〔印星庫〕로 인하여 쓰임이 생긴 것으로 戌〔火庫〕이 직업의 주체가 된다. 戌은 陽이고 비겁比劫이며 火의 집합지〔인성고〕로 의사들과 의료기관을 말한다. 辰은 陰이며 水의 창고〔재성고〕로서 환자들을 의미한다.

戌辰일주는 辰에 水〔壬子子〕를 입고入庫시킨 것과 그것을 戌로 움직인 두 가지의 공功이 있다.

<乾命>

時	日	月	年
壬	己	甲	庚
申	卯	申	申

◉대운

72	62	52	42	32	22	12	2
壬	辛	庚	己	戊	丁	丙	乙
辰	卯	寅	丑	子	亥	戌	酉

己卯일주는 金〔申申庚申〕 상관傷官이 木〔甲卯〕 관살官殺을 제압하였다. 戌대운에 卯戌합으로 卯의 역량이 커졌다. 이때 서울대학교에 진학하여 의사가 되었다.

申申申〔상관〕은 자신의 능력이며 申卯申申합으로 卯 하나에 집착한다. 상관〔傷官 – 申申申〕이 살〔殺 – 卯〕을 제압했으니 재물財物을 추구하는 경향이 강하다.

卯는 살殺인데 왜 재물財物을 추구한다고 보는 걸까?

재財는 식상食傷의 생생生生을 받고 관살官殺을 생생生生한다. 재財는 식상食傷으로부터 만들어지며 관살官殺에서 마무리되는 것이다.

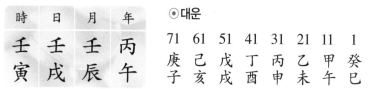

壬戌일주는 火局〔寅午戌〕재성財星이 辰〔比劫庫〕을 제압하였다. 壬辰은 간지干支의 뿌리가 깊고 월月을 점유하여 역량이 매우 크다. 甲午대운에 서울대학교에 진학했다.

壬戌일주는 辰戌충으로 기본적으로 戌〔財庫〕이 열렸다. 월月의 壬辰은 경쟁 세력으로 겁재劫財이며 이것을 제압하는 강력한 火局〔寅午戌〕은 부귀富貴가 작지 않음을 의미한다.

<乾命>

時	日	月	年
甲	庚	癸	丁
申	子	丑	未

⊙대운

78	68	58	48	38	28	18	8
乙	丙	丁	戊	己	庚	辛	壬
巳	午	未	申	酉	戌	亥	子

庚子일주는 金水〔申庚子癸丑〕세력이 木火〔甲丁未〕를 제압하는 형태

인데 丁未〔年〕가 힘이 있다. 癸丑이 丁未를 제압하는 공功이 크다. 명문대를 나와서 법조인이 된 사주다.

丑은 겁재고劫財庫로서 권력기관을 의미하며 丁未는 丑에 대항하기에 범법자犯法者의 무리에 해당한다. 초년부터 대운이 水金으로 흘러 좋았다.

위의 庚子일주는 丑未충으로 癸丑이 丁未를 제압하는 것이 핵심이다. 丑은 金의 묘지墓地이기에 庚申이 입묘入墓하여 내가 조직 속에 들어간다는 의미이며 월지月支에 있기에 국가기관을 의미한다.

<坤命>

時	日	月	年
乙	己	辛	丙
亥	未	丑	子

⊙ 대운

74	64	54	44	34	24	14	4
癸	甲	乙	丙	丁	戊	己	庚
巳	午	未	申	酉	戌	亥	子

己未일주는 亥丑子의 세력이 丑未충으로 未〔官殺庫〕를 제압한 것처럼 보인다.

명문대를 갈 정도로 공부를 잘하는 학생일까?

아니다. 성적이 잘 나오지 않는다. 이 사주를 보는 순간 학생에게 조부모와 관련하여 이야기를 해주었다.

"부모님이 효자이며 할아버지, 할머니에게 매우 잘해 줄 것이다. 하지만 그것 때문에 너에게는 신경을 쓸 겨를이 없어 공부가 안 될 것이다. 성적은 전교에서 중간 정도 나올 것이다."

"할아버지, 할머니가 연세가 많아지자 아버지가 우리 집으로 모셔와서 같이 생활하고 있어요. 사실 그것 때문에 신경 쓰여서 공부가 안 돼요."

辛丑〔부모〕은 丑未충으로 己未〔나〕와 좋은 관계를 형성할 수 있는데 丙子〔조부모〕와 합合을 하면서 己未〔나〕를 내팽개쳤다. 丙子〔조부모〕는 己未〔나〕의 겁재劫財로서 己未가 丑未충으로 공功을 이룬 것을 子丑합으로 없애버린다.
이 학생은 수능 4~5등급을 예상할 수 있다.

이 학생은 할아버지, 할머니를 좋아할까? 이미 답은 정해져 있다. 싫어한다.

<乾命>

時	日	月	年
丙	癸	癸	丁
辰	未	丑	卯

⊙ 대운

77	67	57	47	37	27	17	7
乙	丙	丁	戊	己	庚	辛	壬
巳	午	未	申	酉	戌	亥	子

癸未일주는 辰未丑의 구성이 좋지만 년年에 있는 卯가 卯未합 卯辰천으로 좋은 구성을 망치고 있다. 할아버지, 할머니가 자신〔癸未〕에게 좋

지 못한 영향을 주고 있는 것이다. 자신〔癸未〕은 卯未합으로 조부모〔卯〕를 좋아한다. 수능 성적은 얼마 정도 예상할 수 있겠는가? 2등급까지 나오기는 어렵다.

"수능시험에서 3등급 수준으로 나왔을 것 같은데, 서울에 들어갈 실력은 아니며 경기지역에 진학했을 것입니다. 할아버지와 할머니를 좋아할 것인데, 조부모가 자신에게 도움을 주지는 못했을 것입니다."

"할아버지가 아버지, 고모 형제들을 낳고 40대부터 돈을 벌지 않고 자식들에게 의탁하여 살아왔습니다. 아버지와 저는 할아버지 할머니를 좋아하고 잘 모셨는데 우리 집은 경제적으로 항상 부족했습니다. 저는 수도권의 사범대학을 졸업했습니다. 앞으로 취업은 잘 될까요?"

癸未일주는 未가 丑未충하고 辰에 입묘入墓하는 공功을 卯가 장애障礙를 주었다. 년年에서 시작된 것이니 초년부터 자신의 앞길을 가로막은 것은 조부모다.

〈坤命〉

時	日	月	年
丁	甲	癸	丁
卯	申	丑	未

⊙대운

77	67	57	47	37	27	17	7
辛	庚	己	戊	丁	丙	乙	甲
酉	申	未	午	巳	辰	卯	寅

甲申일주는 木火〔丁卯甲丁未〕의 비겁比劫 식상食傷 세력이 金水〔申

癸丑〕관살官殺 세력을 제압하였다. 申丑을 丁未〔年〕丁卯〔時〕가 둘러싸서 제압하였다. 대운도 木火로 흘러 좋다. 서울대학교를 나와 법조인이 되었으며 성공 가도를 달렸다.

丁未가 丁卯와 합습하여 丑未충으로 癸丑을 제압하는 것이 이 사주의 핵심이다.

申은 丑에 입묘入墓하기에 丑을 제압하는 것은 申도 제압한다는 의미이다. 천간의 癸〔印星〕는 甲에 흡수되어 완전하게 金水〔申癸丑〕가 제압되어 사주 그릇이 크고 깨끗하다.

甲申일주는 제압의 공功 외에 한 가지의 공功이 더 있는데 甲〔日干〕이 丁〔傷官〕으로 설기시켜 목화통명木火通明을 이룬 것이다. 丑 재고財庫를 제압하고 목화통명木火通明까지 이루어 부富와 명예名譽가 높다.

<坤命>

時	日	月	年
庚	己	乙	戊
午	未	丑	寅

⊙ 대운

70	60	50	40	30	20	10	0
丁	戊	己	庚	辛	壬	癸	甲
巳	午	未	申	酉	戌	亥	子

己未일주는 午未寅의 木火 세력〔陽〕이 丑未충으로 丑 식상고食傷庫를 제압하는 형태로 보인다. 하지만 년年에서 戊 겁재劫財가 寅丑합을 하고 시時에서는 午未합을 하여 丑未충이 안 된다. 년월年月을 겁재劫財 戊寅이 지배하였으니 학업성취가 어렵다.

<乾命>

時	日	月	年
庚	壬	庚	乙
子	辰	辰	卯

◉대운

73	63	53	43	33	23	13	3
壬	癸	甲	乙	丙	丁	戊	己
申	酉	戌	亥	子	丑	寅	卯

壬辰일주는 金水〔庚子壬辰庚辰〕인비印比 세력이 木〔乙卯〕식신食神을 완전히 제압하였다. 천간은 乙庚합으로 庚〔인성〕이 乙을 제압하고 지지는 子辰辰의 비겁고比劫庫가 卯辰천으로 卯를 제압하여 천간지지天干地支 모두 깔끔하게 공功을 이루었다. 서울대학교를 졸업하고 법조인으로 활동하고 있는 사람의 사주이다.

辰은 비겁고比劫庫이면서 관살고官殺庫이다. 乙卯〔식신〕는 乙庚합 卯辰천으로 국가권력〔庚辰-官殺무리〕에 대항하는 범법자의 상象이다. 壬〔자신〕은 辰〔국가기관〕에 입묘入墓하여 辰辰〔국가권력〕으로 乙卯〔범법자〕를 응징하는 형태를 가지고 있다.

<乾命>

時	日	月	年
丁	戊	戊	丙
巳	午	戌	辰

◉대운

72	62	52	42	32	22	12	2
丙	乙	甲	癸	壬	辛	庚	己
午	巳	辰	卯	寅	丑	子	亥

戊午일주는 火土〔丁巳戊午戊戌丙〕인비印比 세력이 辰〔財庫〕을 깔끔하게 제압했다. 火土 세력이 월등히 강하기에 대운이 金水운으로 흘

러야 능력을 발휘할 수 있다. 초년부터 대운이 亥子丑 水운을 흘러 辰의 역량이 강화되었는데 庚子대운에 서울대학교에 입학하였다.

辰이 하나 있지만 년年에 존재하기에 힘이 약한 것은 아니다. 巳午가 戌에 입묘入墓하기에 근본적으로 지지에서의 공功은 辰戌충으로 요약할 수 있다. 천간天干 丁戊戌丙은 비견比肩의 무리로 자신의 역량力量이 강하다.

<坤命>

時	日	月	年
丙	戊	壬	壬
辰	辰	子	戌

⊙ 대운

71	61	51	41	31	21	11	1
甲	乙	丙	丁	戊	己	庚	辛
辰	巳	午	未	申	酉	戌	亥

戊辰일주는 水〔辰辰壬子壬〕재성財星 세력이 戌〔印星庫〕을 제압하였다. 戌의 힘이 약하지 않지만 대운이 木火로 흘러야 힘을 발휘할 수 있다. 戌대운에 서울대학교에 입학하였고 己酉대운에 중등 교사가 되었다.

좋은 사주가 직업을 잡을 시기에 격格이 상상傷하면 자신의 능력보다 낮게 직업을 선택하게 된다. 己酉대운은 酉戌천으로 辰戌충의 공功이 훼손되는데, 서울대학교를 나왔음에도 지방의 작은 시골마을의 교사로 들어갔다.

<乾命>

時	日	月	年
甲	己	癸	丁
子	未	卯	卯

⊙ 대운

72	62	52	42	32	22	12	2
乙	丙	丁	戊	己	庚	辛	壬
未	申	酉	戌	亥	子	丑	寅

己未일주는 木〔甲卯卯〕 관살官殺이 입묘入墓된 未〔官殺庫〕를 이용하여 子〔財星〕를 제압했다. 子未천으로 未가 子〔재성〕를 잡는 공功인데 子의 힘이 약하다. 丑대운에 子丑합으로 未가 제압하고자 하는 子의 역량이 커졌다. 丑대운 丁亥년에 경희대학교 한의대에 들어갔다.

己未일주가 甲己합合하고 子未천穿을 한 것은 甲子에 집착하는 것을 말한다. 甲子는 자신이 사업을 해서 얻고자 하는 재물財物이다. 재물財物은 년월年月에서도 들어오는데 조상〔年〕의 유산인 丁卯, 부모〔月〕의 유산인 癸卯가 未〔日支〕로 들어온다. 자신의 노력으로 얻는 甲子의 덩어리보다 훨씬 큰데 부모님이 큰 부자로서 아들〔己未〕에게 전 재산을 물려줄 것이라고 이미 공언했다.

이 사주를 어느 유명 철학관에서 관직(官職)이 높은 명(命)이라고 진단하였다. 월지(月支)의 卯〔편관〕에서 천간에 甲〔정관〕에 투출했으니 정관격(正官格)으로 해석할 수 있고 재살(財殺)이 강하니 종살격(從殺格)으로 해석할 수도 있을 것이다.

필자가 생각할 때 이 사주는 절대 공직자의 명(命)이 아니다. 관살(官殺)이 모두 입묘(入墓)하였다.

<坤命>

時	日	月	年
丁	乙	丁	癸
丑	巳	巳	酉

⊙대운

74	64	54	44	34	24	14	4
乙	甲	癸	壬	辛	庚	己	戊
丑	子	亥	戌	酉	申	未	午

乙巳일주는 火〔乙巳丁巳〕 식상食傷 세력이 金〔酉金〕을 제압하였다.
酉丑을 丁巳〔月〕와 丁巳〔日時〕로 제압했는데 火〔食傷〕의 힘도 강하고
金〔官殺〕도 강하다. 천간의 癸는 火氣에 반反하는 요소로 반드시 제극
制剋되어야 좋다.

초년부터 戊午 己未대운으로 천간天干 土운 지지地支 火운으로 흘러
癸酉丑〔陰〕이 丁乙巳丁巳〔陽〕에 완전히 제압당하였다. 어릴 때부터
고등학교 때까지 전교 1등을 놓치지 않았고 뛰어난 성적으로 서울대학
교에 진학하였다.

乙巳일주는 酉丑이 함께 있기에 그릇이 커졌다. 만약 酉없이 丑만 있다면
머리가 나쁘고 우둔했을 것이다.

巳酉丑 금국金局이 성립되지 않는가?

金水가 강하다면 巳酉丑 삼합三合의 성립이 가능하나 木火가 매우 강하
여 성립되지 않는다. 巳월이 아니라 酉월이라 할지라도 火가 강하다면 酉
丑을 제압하는 상象으로 봐야 한다.

② 강성한 세력(勢力)이 힘차게 설기(洩氣)하는 사주

<乾命>

時	日	月	年
戊	甲	丁	甲
辰	寅	卯	辰

⊙대운

80	70	60	50	40	30	20	10
乙	甲	癸	壬	辛	庚	己	戊
亥	戌	酉	申	未	午	巳	辰

甲寅일주 戊辰시는 木〔甲寅卯甲〕의 기운을 火〔丁〕 상관傷官으로 강하게 누설漏洩하였다. 丁〔月〕이 卯를 뿌리로 두어 힘이 강하고 빼어나다. 辰辰은 水 창고庫로서 木의 기운을 강화시켰다. 이 사주는 木의 모든 기운을 丁에 집중시켜 누설한 것과 辰辰의 큰 재성고財星庫를 卯辰천으로 통제한 두 가지의 공功을 가지고 있다.

辰대운에 연세대학교를 졸업하고 기업체를 경영하여 큰 부富를 쌓았다.

이 사주에서 丁卯〔月〕의 역할은 매우 큰데 丁〔傷官〕이 卯〔羊刃〕를 복속시킨 것으로 모든 에너지가 丁卯에 집중되었다. 丁卯가 월月에 있다는 것은 부모의 경제적인 지원을 받고 사회적으로 일찍 성공한다는 점을 암시한다.

卯辰천으로 거대한 두 개의 辰辰〔財星庫〕을 卯〔부모〕가 제압하여 부富가 뛰어나다. 甲寅일주는 부모에게서 수백 억의 유산을 물려받아 사업체를 세웠다.

<乾命>

時	日	月	年
丁	甲	丁	甲
卯	寅	卯	辰

⊙대운

80	70	60	50	40	30	20	10
乙	甲	癸	壬	辛	庚	己	戊
亥	戌	酉	申	未	午	巳	辰

甲寅일 丁卯시는 능력이 뛰어난 회사원인데 戊辰시생과는 태어난 시時만 다르다. 辰이 한 개로 줄어 부富의 규모가 줄어들었다.

<乾命>

時	日	月	年
戊	甲	丁	甲
辰	子	卯	辰

⊙대운

76	66	56	46	36	26	16	6
乙	甲	癸	壬	辛	庚	己	戊
亥	戌	酉	申	未	午	巳	辰

甲子일주는 甲寅일주와 태어난 일日만 다른데 애정문제로 정신병이 있는 사람이다. 卯〔劫財〕는 내〔甲子〕가 지배할 수 없으며 나를 훼손시키는 존재다. 卯는 타인〔다른 남자〕으로 子卯파와 卯辰천으로 일시日時를 훼손시켰다. 부인의 외도外道가 눈에 보이지 않는가?

<乾命>

時	日	月	年
丁	甲	丁	甲
卯	寅	丑	寅

⊙대운

79	69	59	49	39	29	19	9
乙	甲	癸	壬	辛	庚	己	戊
酉	申	未	午	巳	辰	卯	寅

甲寅년생 甲寅일주는 木〔卯甲寅甲寅〕의 기운을 火〔丁丁〕 상관傷官으

로 강하게 누설漏洩하였다. 월月의 丑[官殺庫]도 寅으로 합合되고 丁[상
관]에 제압되었다. 두 가지의 공功으로 사주 그릇이 커졌다.

연세대학교를 졸업하고 법조계에 들어선 사람의 사주다. 대입시기인
寅대운은 丑을 제압하고 丁으로 기운을 누설시키는 좋은 운이다.

목화통명木火通明은 水→木→火의 흐름과 그 비율比率이 중요하다.
甲寅년 甲寅일주에서 丑[月] 속의 생명력을 가진 水기운은 木의 힘을 강
화시키고 목화분멸木火焚滅을 막는 역할을 한다.

<坤命>

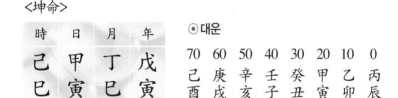

時	日	月	年
己	甲	丁	戊
巳	寅	巳	寅

⊙대운

70	60	50	40	30	20	10	0
己	庚	辛	壬	癸	甲	乙	丙
酉	戌	亥	子	丑	寅	卯	辰

戊寅년 甲寅일주는 목화분멸木火焚滅이다.

<坤命>

時	日	月	年
壬	甲	丙	甲
申	午	寅	辰

⊙대운

73	63	53	43	33	23	13	3
戊	己	庚	辛	壬	癸	甲	乙
午	未	申	酉	戌	亥	子	丑

甲辰년 甲午일주는 申辰합으로 水기운이 火기운을 상傷하게 하였다.

대운大運까지 水金으로 흘렀다. 젊은 시절 촉망받던 문장가였지만 뜻을 펼치지 못하고 야인野人이 되었다. 목화통명木火通明이지만 水가 강해져 이상적인 비율比率이 깨진 것이다.

<乾命>

時	日	月	年
丁	甲	丁	甲
卯	戌	丑	辰

⊙대운

75	65	55	45	35	25	15	5
乙	甲	癸	壬	辛	庚	己	戊
酉	申	未	午	巳	辰	卯	寅

甲辰년 甲戌일주는 丑辰의 강한 金水가 卯辰천 辰戌충 丑戌형으로 양기陽氣의 뿌리를 끊어놓았다. 또한 년월年月은 겁재劫財의 영역으로 일시日時의 甲戌과 丁卯만 쓸수 있는데 그것조차 卯戌합을 하여 쓸만한 대운大運이 거의 없다. 卯대운 丁卯년에 정신병자가 되었다.

<乾命>

時	日	月	年
戊	癸	乙	丁
午	巳	巳	巳

⊙대운

80	70	60	50	40	30	20	10
丁	戊	己	庚	辛	壬	癸	甲
酉	戌	亥	子	丑	寅	卯	辰

癸巳일주는 火〔午巳乙巳丁巳〕의 기운이 土〔巳巳巳 중의 戊〕로 누설漏洩되었다. 甲辰대운은 상관〔傷官 - 甲〕이 겁재고〔劫財庫 - 辰〕를 제압하고 들어왔는데 辰〔水庫〕이 막강한 화토세火土勢를 꺾을 수 없다. 서울대학교를 졸업한 사주이다.

앞의 丁巳년 癸巳일주는 火〔午巳乙巳丁巳〕의 막강한 재성財星이 巳巳巳 중의 戊로 설기洩氣되었다. 癸巳합 戊癸합은 癸→乙→巳巳巳→戊로 이어진 에너지를 癸〔자신〕가 모두 통제한다는 의미이다. 癸〔자신〕가 연월일시年月日時 천간지지天干地支를 모두 소유하게 된 것이다.

<坤命>

乙卯년 癸巳일주는 어릴 때 힘들게 살면서 학업성취가 낮았고 성인이 되어 옷장사를 하였다.

앞의 丁巳년 癸巳일주와는 어떤 차이점이 있을까?

戊〔火庫〕에 모든 火〔丁巳巳丙〕가 모두 입묘入墓하는데 卯戌합으로 乙卯〔타인〕가 戊을 통제하였다. 癸〔자신〕가 가질 수 있는 것은 戊에서 나온 巳〔돈〕로써 癸巳합으로 얻는다.

쉽게 설명하자면 자신〔癸〕은 기업〔戊〕에서 생산된 상품〔丁巳巳〕을 통해서 돈을 버는데 수입의 대부분〔丁巳巳〕은 회사〔戊〕가 가져가고 자신의 몫〔癸巳합〕은 크지 않다. 이미 사주팔자에서 삶의 방식이 정의된 것이다.

時	日	月	年
乙	丁	己	甲
巳	巳	巳	寅

◉대운

73	63	53	43	33	23	13	3
辛	壬	癸	甲	乙	丙	丁	戊
酉	戌	亥	子	丑	寅	卯	辰

丁巳일주는 강렬한 火〔乙巳丁巳巳〕가 土〔巳巳巳 중의 戊〕로 기운을 누설漏洩시켰다. 甲寅은 火를 강화시켜 주는 역할을 하며 土를 꺾지 않는다. 丁卯대운에 火土 세력이 더욱 맹렬해졌으며 명문대를 졸업하여 의사가 된 사주이다.

丁일간에 巳〔巳 중 戊〕는 상관傷官으로 그 기운이 매우 강렬하며 빼어난 격格을 만들어낼 수 있다. **이 丁巳일주는 어느 대운에 힘이 꺾일 것인가?** **亥子丑 水대운이 木火 종세력從勢力에 격格을 해치므로 해로울 것인가?** 종격從格으로 해석하면 답이 안 나온다. 막강한 화토火土 세력勢力이 한 그릇의 물〔水〕에 기운이 꺾이지 않는다. 壬戌대운을 주목할 필요가 있다. 丁壬합으로 官殺〔壬〕이 일간〔丁〕을 합하고 戌〔火庫〕에 모든 火〔丁巳巳巳〕가 입묘入墓된다.

時	日	月	年
丙	丁	甲	丙
午	巳	午	午

◉대운

77	67	57	47	37	27	17	7
丙	丁	戊	己	庚	辛	壬	癸
戌	亥	子	丑	寅	卯	辰	巳

丙午년 丁巳일주는 건강이 좋지 못한 가정주부이다. 丙午〔劫財〕가 년

월年月을 지배했으며 쓸만한 간지干支는 丁巳일주日柱밖에 없다. 평생 겁재劫財만 득실거릴 뿐이고 경제사정도 여의치 못하다.

<乾命>

時	日	月	年
戊	丙	丙	庚
戌	午	戌	寅

◉대운

71	61	51	41	31	21	11	1
甲	癸	壬	辛	庚	己	戊	丁
午	巳	辰	卯	寅	丑	子	亥

丙午일주는 30대 木대운부터 되는 일 하나 없이 계속 실패했다. 지지
地支에서 寅午戌 화국火局을 이루어 모든 것이 불타버렸다.

염상격炎上格이니 일반이론에 의하면 귀격貴格 아닌가?

木火대운에 대발大發해야 되는 것 아닌가?

이 사주가 金대운으로 흘렀다면 약간의 성취가 있었을 것이다. 木火대운
으로 달리니 그냥 화염火焰에 장작을 더 얹은 꼴이다. 불바다이다.

<乾命>

時	日	月	年
癸	癸	癸	癸
亥	亥	亥	亥

◉대운

78	68	58	48	38	28	18	8
乙	丙	丁	戊	己	庚	辛	壬
卯	辰	巳	午	未	申	酉	戌

癸亥일주는 강한 水〔癸亥癸亥癸亥癸亥〕가 木〔亥亥亥亥 중의 甲〕으로

기운을 누설漏洩시키는데 어릴 때부터 똑똑하였다. 辛酉대운에 甲[亥 중 甲]을 훼손하지 않아 순탄하였고 명문대를 졸업하고 대기업에 들어갔다.

종격從格에 대한 생각은 명리를 공부하는 사람에게 언제나 고민을 안겨주는 숙제이다. 종격從格을 이루면 일반적으로 대길大吉의 상象으로 보고 좋다고 말하는데 실제로는 평범하거나 매우 궁핍한 삶을 사는 사람에게도 많이 볼 수 있다.
종격從格은 하나의 기운氣運이 사주 전체를 장악한 상象을 말하는 것이지 귀천貴賤을 말하는 것은 아니다.

<乾命>

時	日	月	年
癸	癸	己	辛
亥	亥	亥	亥

⊙대운

79	69	59	49	39	29	19	9
辛	壬	癸	甲	乙	丙	丁	戊
卯	辰	巳	午	未	申	酉	戌

辛亥년 癸亥일주는 30대까지 백수白手로 살았다.
앞의 잘나갔던 癸亥년생과 무슨 차이점이 있는가?
월간月干 己[官殺]가 월지月支 亥를 장악하여 자신[癸亥]은 년월年月을 상실했다. 초년기[年]와 청년기[月]는 성취가 어렵고 중년[日]이 되어서야 길이 열리는 것이다.

<坤命>

時	日	月	年
癸	癸	癸	壬
亥	亥	丑	子

⊙대운

77	67	57	47	37	27	17	7
乙	丙	丁	戊	己	庚	辛	壬
巳	午	未	申	酉	戌	亥	子

壬子년 癸亥일주는 힘들게 살다가 30대에 암으로 사망하였다.

壬子〔劫財〕가 子丑합으로 년월年月을 장악했으니 이미 자신〔癸亥일주〕은 능력을 상실했다. 子丑합은 매우 불길不吉한데 악성종양惡性腫瘍의 상象이다.

<乾命>

時	日	月	年
壬	癸	癸	癸
戌	亥	亥	丑

⊙대운

76	66	56	46	36	26	16	6
乙	丙	丁	戊	己	庚	辛	壬
卯	辰	巳	午	未	申	酉	戌

癸丑년 癸亥일주는 癸丑〔年〕을 이용하여 丑戌형으로 戌〔財庫〕을 열어 공功을 이루었다. 직업이 의사醫師이다.

<乾命>

時	日	月	年
壬	癸	癸	壬
戌	丑	丑	寅

⊙대운

78	68	58	48	38	28	18	8
辛	庚	己	戊	丁	丙	乙	甲
酉	申	未	午	巳	辰	卯	寅

壬寅년 癸丑일주는 겁재劫財 壬이 寅戌합으로 포국包局하여 주도권을

잡았다. 매우 불길不吉하다. 대운大運도 木火로 흘러 壬이 권력을 얻어 癸丑〔자신〕이 살 길이 없다. 어릴 때부터 병자病者로 지내다가 인생에서 아무것도 이루지 못하고 40대에 사망하였다.

<乾命>

時	日	月	年
甲	癸	甲	癸
寅	卯	子	卯

⊙대운

77	67	57	47	37	27	17	7
丙	丁	戊	己	庚	辛	壬	癸
辰	巳	午	未	申	酉	戌	亥

癸卯일주는 水〔癸子癸〕기운을 木〔甲寅卯甲卯〕으로 누설漏洩시켰다. 卯卯가 子를 제압制壓하는 공功도 있다. 壬戌대운은 두 가지를 훼손하지 않아 순탄한데 고려대학교를 졸업하여 출세가도를 달렸다.

시時의 寅 중 丙이 매우 중요한데 막강한 木의 기운이 결실結實을 이루는 것을 의미한다. 대운大運이 그것을 부연해 준다. 戊午 丁巳대운에서 힘이 넘치는 火를 만났다. 월月의 子는 겁재劫財인데 子卯卯파로 극剋 당하고 甲으로 기운이 소진消盡되어 제압되었다.

<乾命>

時	日	月	年
丁	乙	庚	丙
亥	未	寅	寅

⊙대운

74	64	54	44	34	24	14	4
戊	丁	丙	乙	甲	癸	壬	辛
戌	酉	申	未	午	巳	辰	卯

乙未일주는 木〔乙未寅寅〕기운이 火〔丙丁〕로 누설漏洩되었다. 壬辰대운에 丁壬합으로 丁〔食神〕이 제거되고 丙〔傷官〕에게 힘이 집중되는데 이때 서울대학교에 입학하였다.

년年에 힘 있는 丙寅〔傷官〕이 있고 시時에 힘 없는 丁亥〔食神〕가 있다. 분산되었던 기운氣運은 壬辰대운에 丙寅〔傷官〕에 집중되었다. 寅寅〔年月〕 겁재劫財를 未〔日支〕에 입묘入墓시켜 자신〔乙〕이 통제하였다. 겁재劫財를 통제한다는 것은 자신이 경쟁자보다 뛰어나다는 것을 말한다.

<乾命>

時	日	月	年
乙	甲	丙	甲
亥	寅	寅	子

⊙대운

79	69	59	49	39	29	19	9
甲	癸	壬	辛	庚	己	戊	丁
戌	酉	申	未	午	巳	辰	卯

甲寅일주는 水→木→火로 이어지는 기氣의 흐름이 매우 깔끔하고 강렬하다. 水〔亥子〕가 木〔乙甲寅寅甲〕을 생생生하고 그 기운이 火〔丙〕에 집중되었다. 甲寅일이 丙寅월을 얻었다는 것은 매우 이상적인 형상形象이다. 서울대학교를 나와서 대학교수를 했던 사람의 사주이다.

87

<乾命>

時	日	月	年
丙	甲	甲	戊
寅	戌	寅	寅

⊙대운

78	68	58	48	38	28	18	8
壬	辛	庚	己	戊	丁	丙	乙
戌	酉	申	未	午	巳	辰	卯

위의 戊寅년 甲戌일주는 木→火로만 이루어져 목화분멸木火焚滅이
되었다. 형제가 비명非命했으며 일평생 가난하게 살았다.

<坤命>

時	日	月	年
丙	甲	甲	戊
寅	辰	寅	寅

⊙대운

77	67	57	47	37	27	17	7
丙	丁	戊	己	庚	辛	壬	癸
午	未	申	酉	戌	亥	子	丑

戊寅년 甲辰일주는 위의 甲戌일주와 일지日支만 다를 뿐인데 수기水氣
를 통제하여 목화분멸木火焚滅을 면했으나 어린 시절 부모덕이 없고 가
난을 면하지 못했다. 록祿 자체가 공功을 이루는 방식은 효율적이지 못
하다.

<坤命>

時	日	月	年
丁	甲	乙	癸
卯	戌	卯	卯

⊙대운

71	61	51	41	31	21	11	1
癸	壬	辛	庚	己	戊	丁	丙
亥	戌	酉	申	未	午	巳	辰

癸卯년 甲戌일주는 겁재劫財가 일지日支까지 장악하였다. 戌이 남편

인데 卯戌합으로 乙卯〔劫財〕 癸卯〔劫財〕 丁卯〔劫財〕에게 가버렸다. 목화통명木火通明 유무有無를 떠나 더 근본적인 문제점은 甲이 소유할 수 있는 것이 없다는 점이다. 남편이 바람을 피워서 이혼한 사람의 사주다.

<乾命>

丁未일주는 火〔丁未午午〕기운이 土〔戊戊戊〕 상관傷官으로 누설漏洩되 었다가 金〔申〕에 맺혔다. 화토상관火土傷官으로 거대한 火기운이 土를 거쳐 金에 응집되었다. 사주의 형태形態가 안정되어 쉽게 무너지기 힘 들다. 부모가 매우 부유하며 서울대학교를 졸업하고 큰 기업체를 운영 하는 사람의 사주이다.

<坤命>

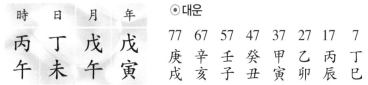

戊寅년 丁未일주는 조토燥土에서 기氣의 흐름이 멈춰서 화염조토火炎

燥土가 되었다. 丙〔겁재〕을 본 것도 문제인데 부모가 가난하였고 학업 성취가 낮았다.

<坤命>

	時	日	月	年
	癸	乙	丙	甲
	未	亥	寅	子

⊙대운

72	62	52	42	32	22	12	2
戊	己	庚	辛	壬	癸	甲	乙
午	未	申	酉	戌	亥	子	丑

乙亥일주는 水〔癸亥子〕기운이 木〔未乙寅甲〕을 돕고 火〔丙〕로 누설漏洩되었다. 월주의 丙寅은 이 사주의 핵심인데 목화통명木火通明으로 水→木→火의 소통이 매우 강렬하다. 癸亥대운은 사주의 격格을 훼손하지 않는데 이 시기에 세계의 수재들만 갈 수 있다는 미국 명문대를 졸업하였다.

丙寅〔月〕이 뛰어난 기氣를 얻어 부모가 상당한 부자이다.

<坤命>

	時	日	月	年
	戊	乙	乙	丙
	寅	卯	未	子

⊙대운

73	63	53	43	33	23	13	3
丁	戊	己	庚	辛	壬	癸	甲
亥	子	丑	寅	卯	辰	巳	午

乙卯일주는 未〔木庫〕에 木〔乙乙卯寅〕이 입묘入墓하여 子未천으로 공功을 이루는 상象인데 지방대학교의 낮은 과에 입학하였다.

왜 그럴까?

卯未합이 문제다. 子未천보다 卯未합을 먼저 이루어 未의 기능이 상실되었다. 이것은 부모〔乙未〕가 경제적으로 무력無力하고 자신은 공부를 못한다는 것을 의미한다.

③ 강성한 세력고(勢力庫)를 통제하는 사주

<乾命>

時	日	月	年
甲	丁	己	戊
辰	亥	未	午

⊙대운

75	65	55	45	35	25	15	5
丁	丙	乙	甲	癸	壬	辛	庚
卯	寅	丑	子	亥	戌	酉	申

丁亥일주는 辰〔庫〕에 午未亥를 입고入庫시켜 甲〔印星〕으로 통제하였다. 丁甲은 일체 一體이다. 학창 시절 庚申 辛酉대운은 甲辰이 깨지지 않아 개인적으로 힘들지만 학업성취에는 문제가 없다.

하지만 직장을 잡을 시기인 壬戌대운은 辰戌충으로 辰〔庫〕이 깨져 격格이 훼손되고 丁壬합으로 살기殺氣가 丁〔자신〕을 극剋하여 능력을 제대로 발휘할 수 없다. 이때 서울대학교를 졸업했지만 집안 형편이 어려워 자신의 능력보다 낮은 회사에 들어갔다.

己未〔月〕의 능력이 적어 부유한 가정 출신이 아니다.

하지만 시時에서 큰 공功을 이루었으니 대기만성大器晩成의 상象이다.

<乾命>

時	日	月	年
辛	甲	甲	壬
未	午	辰	寅

⊙대운

73	63	53	43	33	23	13	3
壬	辛	庚	己	戊	丁	丙	乙
子	亥	戌	酉	申	未	午	巳

甲午일주는 복음伏吟으로 甲辰〔月〕에 이동하여 午未寅을 辰〔庫〕에 입고入庫시켜 통제하였다. 寅이 未에 입묘入墓하고 未가 辰에 입묘하는데 午未합으로 자신〔甲午〕이 辰의 통솔 권한에 관여하게 된 것이다.

寅(年)은 타인他人인데 未(회사)에 입묘入墓되어 辰에 입고入庫된 것이니, 자신이 타인을 지배하는 것으로 직원을 고용하여 사업을 하는 것을 의미한다.

서울대학교를 나와서 사업체를 운영하고 있다.

甲이 辰을 통제할 경우 辰의 규모가 커지는 것이 중요하다. 위의 甲午일주처럼 辰이 연월일시年月日時까지 모두 관계될 때 규모가 커진다.

사주원국에 戌이 있다면 甲辰은 통제하는 고庫가 아닌 다른 방식으로 사용되어야 한다.

<坤命>

時	日	月	年
乙	癸	甲	戊
卯	丑	寅	申

⊙대운

72	62	52	42	32	22	12	2
丙	丁	戊	己	庚	辛	壬	癸
午	未	申	酉	戌	亥	子	丑

癸丑일주는 甲寅〔傷官〕乙卯〔食神〕로 申이 입묘入墓한 丑〔庫〕을 통제

하였다. 丑은 인성고印星庫이면서 관살고官殺庫로서 권력을 의미하는데 식상食傷으로 완벽하게 잡았다. 서울대학교를 졸업하고 법조계에서 활동하고 있는 사람의 사주이다.

癸〔자신〕와 식상〔食傷〕甲寅 乙卯는 일체一體로서 자신이 주도적으로 申丑을 잡겠다는 것을 의미한다. 癸丑 壬子 辛亥대운에 격格의 훼손이 없다. 자신〔癸〕이 뜻을 이루는 것에 아무런 문제가 없다.

<坤命>

時	日	月	年
庚	庚	辛	辛
辰	子	丑	亥

⊙대운

78	68	58	48	38	28	18	8
己	戊	丁	丙	乙	甲	癸	壬
酉	申	未	午	巳	辰	卯	寅

庚子일주는 辰〔庫〕에 亥丑子 모두가 입고入庫되어 규모가 크다. 더욱 빛이 나는 것은 대운도 木火로 흘러서 명예貴와 부富를 모두 얻을 수 있다. 명문대를 나와 법조계에서 활동하고 있다.

木火로 대운大運이 흐른다는 것은 자신에게 木火가 들어온다는 의미가 아니다. 이미 자신이 가질 수 있는 부귀富貴는 사주원국에서 정해진 것이고 대운大運은 그것을 응기시키는 요인要因일 뿐이다.
만약 사주원국에 없는 요소가 대운大運에서 들어온다면 그 운運이 끝나면 신기루처럼 사라져버린다. 자신이 가질 수 있는 것은 사주팔자四柱八字 자체에서 찾아야 한다.

<乾命>

時	日	月	年
甲	壬	壬	壬
辰	辰	寅	子

⊙대운

71	61	51	41	31	21	11	1
庚	己	戊	丁	丙	乙	甲	癸
戌	酉	申	未	午	巳	辰	卯

壬辰일주는 壬壬子의 겁재劫財 세력을 辰〔庫〕에 입고入庫시키고 甲〔食神〕으로 통제하였다. 월지月支 寅은 壬壬子의 기운을 설기洩氣시켜 寅 중 丙으로 꽃을 피운다. 젊은 시절부터 뛰어나다는 것을 뜻한다. 甲〔食傷〕이 통제하는 구역이 연월일시年月日時로 매우 넓다. 명문대를 나와서 법조계에서 활동하고 있는 사람이다.

壬辰일주는 木火로 대운大運이 흐르면서 사주팔자 전체가 역동성을 가지게 되었다. 특히 甲辰대운은 甲〔자신〕이 辰〔劫財庫 – 타인들〕을 지배하고 나타난 것으로 중고등학교 시절에 학업성적이 매우 뛰어났다는 것을 알 수 있다.

<乾命>

時	日	月	年
戊	丁	甲	乙
申	酉	申	丑

⊙대운

76	66	56	46	36	26	16	6
丙	丁	戊	己	庚	辛	壬	癸
子	丑	寅	卯	辰	巳	午	未

丁酉일주는 申酉申의 거대한 金의 세력을 丑〔庫〕에 입고入庫시켜 乙〔印星〕로 통제하였다. 丁甲乙은 하나의 몸〔體〕으로서 丑을 통제하여 金

무리를 지배하였다. 壬午 辛巳대운은 火가 金을 통제하고자 하는 의도
와 부합되어 대학교 졸업 시기까지 학업성취가 뛰어날 수밖에 없다. 년
年의 공功이 큰데 할아버지가 땅부자였고 첩妾을 여러 명 두었다.
명문대를 졸업하고 현재 의사로 활동하고 있는 사주이다.

이 사주를 종격從格으로 보면 해석할 수 없다.

지지地支가 모두 金 세력인데 火대운에 어떻게 발전할 수 있었을까?

사주를 해석할 때에는 힘 있는 세력을 중심으로 보는 것이 아니라 누가 주
도권을 쥐고 있는지에 초점을 맞춰야 한다.

〈坤命〉

時	日	月	年		⊙대운							
丁	乙	壬	辛		74	64	54	44	34	24	14	4
丑	丑	辰	未		庚	己	戊	丁	丙	乙	甲	癸
					子	亥	戌	酉	申	未	午	巳

乙丑일주는 丑丑未〔官殺劫財庫〕가 辰〔印星庫〕에 입묘入墓했다. 辰의 세
력이 엄청난데 丑未충으로 관살고〔丑-官殺庫〕와 겁재고〔未-劫財庫〕
가 열려서 辰으로 들어오기에 부귀富貴가 보통이 아니다.

이 사주의 핵심은 丁壬합이다. 丁壬합으로 알 수 있는 것은 아래와 같다.

❶ 이 여자는 얼굴과 몸매가 아름답다.

❷ 머리가 대단히 좋은 사람이다.

❸ 부모가 부자이다.

95

❹ 권력과 부를 가진 남자를 배우자로 맞을 것이다.

고등학교에서 전교 1등만 했으며 서울대학교에 입학한 사주다.

丁壬합은 이 사주를 해석하는 핵심포인트다. 월주月柱의 壬辰으로 연월일시年月日時의 세력이 집중되었는데 그것이 자신〔乙丑〕과 관계를 가지지 않으면 아무 의미가 없다. 丁壬합은 乙丑이 壬辰의 힘을 이용하여 연월일시를 모두 지배하겠다는 것을 말한다. 중고등학교 시절인 甲午대운은 午未합으로 未의 덩어리가 더욱 커지면서 辰의 역량도 늘어났다.

<乾命>

時	日	月	年
辛	甲	辛	丙
未	子	丑	辰

⊙대운

79	69	59	49	39	29	19	9
己	戊	丁	丙	乙	甲	癸	壬
酉	申	未	午	巳	辰	卯	寅

甲子일주는 辰〔庫〕에 丑子未가 모두 입고入庫되어 규모가 매우 크다. 丙〔食神〕이 辰 위로 올라가고 子辰합을 하여 辰〔庫〕을 통제하였다. 천간天干은 丙辛辛합으로 관살官殺과 합하는데 辛丑〔月〕辛未〔時〕를 통제하겠다는 의미를 확실히 하였다. 카이스트를 졸업한 사주이다.

甲子일주는 子辰합과 丙辰으로 辰을 통제했다. 년年의 丙〔食神〕이 없었다면 辰을 통제할 수 없었을 것이다. 丙辰만 깨지지 않으면 격格이 유지되는 상象이다.

<乾命>

時	日	月	年
壬	癸	乙	癸
子	丑	丑	丑

⊙대운

72	62	52	42	32	22	12	2
丁	戊	己	庚	辛	壬	癸	甲
巳	午	未	申	酉	戌	亥	子

癸丑일주는 연월일年月日의 丑丑丑〔印星庫〕을 子丑합과 乙〔食神〕로 써 통제하였다. 丑丑丑은 복음伏吟으로 하나의 의미를 가지며 壬子癸 癸의 비겁比劫 무리는 오직 丑丑丑을 통제하려는 것에 집중되어 있다. 명문대를 나와서 교수가 된 사주이다.

子丑丑丑합으로 子의 목적이 丑丑丑이라는 것을 말한다. 乙은 壬子癸癸 의 기운이 응축된 것으로 丑을 통제한다.

여기서 의문이 들 것이다.

壬子는 癸에게 겁재劫財가 아닌가?

子丑합은 흉상凶象이 아닌가?

사주팔자를 읽을 때는 같은 글자라도 상황에 따라 해석이 달라진다.

癸丑일주는 乙로 인하여 모든 글자가 생명력을 가지게 되었다. 壬子는 겁재劫財보다는 癸와 입장을 같이 하는 비견比肩으로 봐야 한다. 乙〔食神〕 이 존재하기 때문이다.

<乾命>

時	日	月	年
壬	丙	癸	壬
辰	辰	丑	寅

⊙대운

77	67	57	47	37	27	17	7
辛	庚	己	戊	丁	丙	乙	甲
酉	申	未	午	巳	辰	卯	寅

丙辰일주는 壬寅 癸丑 壬辰을 모두 辰〔日支〕에 입고入庫시켜 통제하였다. 천간 壬癸壬은 관살官殺로서 辰에 바로 입고入庫되었고 寅은 寅丑합을 해서 辰으로 들어갔다. 丙이 통제하는 범위가 연월일시年月日時로 매우 넓다. 서울대학교를 졸업하고 법조인이 된 사주이다.

辰은 식신〔食神〕으로 官殺〔壬寅 癸丑 壬辰〕을 입고入庫시켜 통제하였다. 관살官殺은 권력으로서 자신이 권력의 중심에서 힘을 발휘한다는 의미를 가진다. 辰에 집중된 이 사주는 쉽게 손상되지 않는 구조를 가졌다.

<乾命>

時	日	月	年
戊	己	壬	壬
辰	卯	子	子

⊙대운

78	68	58	48	38	28	18	8
庚	己	戊	丁	丙	乙	甲	癸
申	未	午	巳	辰	卯	寅	丑

己卯일주는 壬子壬子〔年月〕의 강성한 재財를 辰〔財庫〕에 집어넣어 卯辰천으로 통제하였다. 水의 세력이 년월시年月時까지 이르러 그 세력이 엄청난데 卯〔日支〕가 제압한 것이다. 卯辰천 구조가 견고하여 격格이 쉽게 훼손되지 않으며 서울대학교를 입학하여 미국 명문대를 들어갔다.

지지地支를 살펴보면 子卯파도 있고 子辰합도 있으며 卯辰천도 존재한다. 어떤 작용을 먼저 생각해야 할까? 가장 중요하고 큰 작용을 먼저 생각해야 한다. 음양陰陽의 배치를 먼저 살펴보고 입고入庫를 우선 순위로 잡아야 한다. 그다음이 오행의 생극제화生剋制化이다.

己卯일주는 壬子壬子가 辰으로 모두 들어갔기에 辰만 제압하면 사주 전체의 재성財星을 모두 제압하는 것이다. 특히 의미 있는 것은 辰은 戊〔劫財〕의 영역인데 겁재劫財가 점유한 재성고財星庫를 통제했다는 점이다. 대운大運에서 사주원국의 卯辰천만 훼손하지 않으면 성취에는 아무 문제가 없다.

<乾命>

時	日	月	年
己	乙	丙	戊
卯	巳	辰	午

⊙대운

77	67	57	47	37	27	17	7
甲	癸	壬	辛	庚	己	戊	丁
子	亥	戌	酉	申	未	午	巳

乙巳일주는 丙〔傷官〕으로 辰〔財星庫－月〕을 통제하였다. 월지月支의 辰은 한 개이나 강한 힘을 가지고 있다. 丁巳 戊午 己未대운까지 丙辰으로 통제하는 구조가 훼손되지 않았다. 서울대학교를 졸업했고 부모〔辰〕가 강남 큰 부자이다.

다음의 丁卯일주는 어린 시절 가난하고 부모복도 없었다.

99

<乾命>

時	日	月	年
乙	丁	丙	戊
巳	卯	辰	午

⊙대운

70	60	50	40	30	20	10	0
甲	癸	壬	辛	庚	己	戊	丁
子	亥	戌	酉	申	未	午	巳

초년부터 매우 가난하였고 부모가 자신의 20대〔己未대운〕에 모두 사망하였다. 庚申대운에 들어와서 겨우 직장을 구했으나 정신적, 경제적 안정을 찾지 못했다.

戊午년 乙巳일주와 사주가 비슷해 보이는데 어떻게 다른 것일까?

丁卯일주에게 辰은 자신의 것이 아니라 겁재劫財의 것이다. 이것이 해석의 핵심이다.

丁卯〔자신〕는 辰〔財〕을 얻고자 하나 이미 丙〔타인〕이 지배하고 있다. 戊午〔年〕 丙辰〔月〕은 타인의 것으로 자신이 가질 수 없는 것이다.

자신의 영역은 丁卯〔日〕 乙巳〔時〕로서 木이 火에 분멸焚滅된 상象으로 반드시 대운大運의 도움을 받아야만 일어설 수 있다. 庚申 辛酉대운에 좋은 운을 만나 직업을 잡았다.

丙辰〔부모〕의 입장으로 보면 丁卯는 타인他人으로 卯辰천으로 자신의 재산財産을 겁재劫財에 의해서 날리는 형상形象으로 빈곤을 면하기 어렵다. 己未대운은 丁卯〔겁재〕가 도래한 것인데 卯未합으로 강한 卯가 辰을 깨부셔버렸다. 丙이 가진 것이 아무것도 없으니 사망이다.

4 앞의 1, 2, 3의 경우가 대운에서 성립되는 사주

<乾命>

時	日	月	年
壬	己	丁	辛
申	酉	酉	未

⊙ 대운

79	69	59	49	39	29	19	9
己	庚	辛	壬	癸	甲	乙	丙
丑	寅	卯	辰	巳	午	未	申

己酉일주는 식상食傷 金〔申酉酉〕 세력이 관살 木庫〔未〕를 제압하려고 하지만 열리지 않았다. 乙대운 庚寅년과 辛卯년에 未〔庫〕가 열렸다. 어느 해에 성적이 좋았을까? 庚寅년은 寅申충의 작용이 있지만 酉의 작용이 없어 木庫〔未〕가 확실하게 잡히지 않아 자신의 능력이 최대한 발휘되지 않는다. 辛卯년에는 卯申합 卯酉충으로 木庫〔未〕가 확실하게 제압되는데 이때 우수한 성적으로 서울대학교에 진학하였다.

金〔申酉酉〕 세력이 未〔木庫〕를 제압하려는 사주인데 未가 열리지 않다가 乙대운에 열렸다. 乙은 未가 응기한 것으로 未〔官殺庫〕가 열린 것을 의미한다.

<坤命>

時	日	月	年
壬	辛	癸	乙
辰	巳	未	卯

⊙ 대운

72	62	52	42	32	22	12	2
辛	庚	己	戊	丁	丙	乙	甲
卯	寅	丑	子	亥	戌	酉	申

辛巳일주는 辰〔庫〕에 癸未를 입고入庫시키고 壬〔傷官〕으로 통제하려

는데 乙卯(年)가 卯辰천으로 辰을 깨부수고 卯未합을 하였다. 卯가 사주 전체를 훼손한 것이다. 甲申 乙酉대운에 卯申합 卯酉충으로 卯가 제거되어 공부를 잘했고 서울대학교에 들어갔다.

甲申 乙酉대운이 지나면 卯가 힘을 얻어 풀리지 않는다. 취업 시기가 되자 가정 형편이 갑자기 기울었고 자신의 능력보다 훨씬 낮은 회사에 들어갔다.

격格이 완성되지 않았을 때에는 어떤 대운大運에서 완성되는지를 살펴야 한다.

사주원국에서 이미 격格이 형성된 경우와 미완성인 상태인데 대운大運에서 완성되는 경우는 그릇의 크기와 안정성이 매우 다르다.

격格이 형성된 상태에서는 사주가 안정적이라 삶의 굴곡이 적고 좋은 대운大運에서 성취도 크다. 격格이 미완성인 경우는 그것이 완성되는 대운大運은 아주 좋지만 그 시점이 지나면 극심하게 나빠지는 삶의 심한 굴곡을 겪게 된다.

<坤命>

時	日	月	年
乙	己	甲	壬
丑	未	辰	戌

⊙ 대운

70	60	50	40	30	20	10	0
丙	丁	戊	己	庚	辛	壬	癸
申	酉	戌	亥	子	丑	寅	卯

己未일주는 양陽이 음陰을 제압하는 상象으로 甲己합으로 甲(陽)이

辰〔陰〕을 통제하고 丑未충으로 未〔陽〕가 丑〔陽〕을 제압했다. 하지만 지지地支 辰戌丑未 음양陰陽의 힘이 서로 비슷하기에 대운大運의 향방向方이 인생의 승패를 결정하게 되었다.

10대-20대까지 癸卯 壬寅대운으로 戌未〔陽〕가 힘을 얻어 丑辰〔陰〕을 크게 제압하는데 이때 서울대학교에 진학하였다.

제압의 상象은 박진감이 넘치고 큰 그릇을 형성할 수 있으나 대운大運의 흐름을 잘 살펴야 한다. 제압할 대상이 거대한데 대운大運에서 순간적으로 제압한 경우에는 크게 발복發福한다. 반대로 제압할 대상이 역逆으로 힘이 강해지면 크게 실패하는 것은 물론이거니와 목숨까지 위태로울 수 있다.

<乾命>

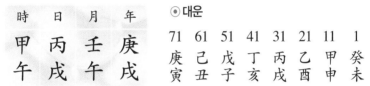

時	日	月	年
甲	丙	壬	庚
午	戌	午	戌

◉대운

71	61	51	41	31	21	11	1
庚	己	戊	丁	丙	乙	甲	癸
寅	丑	子	亥	戌	酉	申	未

丙戌일주는 거대한 木火土〔甲午丙戌午戌〕 세력이 金水〔庚壬〕를 제압하는데 庚壬이 빈약하다. 대운大運에서 金水의 기운을 보충해 주어야 능력을 발휘할 수 있는데 11대운부터 金水운으로 흘렀다. 대운에서 사주의 부족한 기운이 보충된 것이다.

연세대학교를 졸업하고 미국 유학을 했던 사주이다.

<坤命>

時	日	月	年
壬	庚	甲	己
午	戌	戌	巳

⊙ 대운

77	67	57	47	37	27	17	7
壬	辛	庚	己	戊	丁	丙	乙
午	巳	辰	卯	寅	丑	子	亥

위의 庚戌일주는 전문대를 졸업하고 뚜렷한 직장을 얻지 못했으며 계속 아르바이트를 전전했다. 사주 전체에 火土〔午戌戌巳〕 기운이 강하고 초년에 亥子丑으로 水대운이 흘렀는데 왜 성취를 못했을까?

이 사주는 甲己합으로 강력한 火土의 기운이 년월年月의 타인他人에게 가버렸다. 자신의 火土를 가진 것이 아니라 타인이 火土 세력을 가져간 것으로 성취가 어렵다.

부모도 무능력하고 집안이 매우 가난하였다. 甲己합 때문이다. 己〔타인〕가 甲戌〔財物〕을 통제하여 甲戌〔부모〕이 보잘것없이 되어 버렸다.

<乾命>

時	日	月	年
壬	戊	戊	癸
子	子	午	卯

⊙ 대운

72	62	52	42	32	22	12	2
庚	辛	壬	癸	甲	乙	丙	丁
戌	亥	子	丑	寅	卯	辰	巳

戊子일주는 木火土〔戊戌午卯〕의 세력이 水〔壬子子癸〕를 제압하는 사주인데 水 세력이 완전히 잡히지 않는다. 辰대운에 서울대학교에 진학했는데 水〔壬子子癸〕가 辰〔大運〕에 모두 입묘入墓한 것을 卯辰천으로

잡았기 때문이다. 辰대운이 지나자 삶에 파란波瀾이 많았다.

연월일시年月日時의 글자 배치를 살펴보자.

卯→戊午→子→壬子로 흘러가는데 月의 戊午에서 戊子일주는 정점
頂點을 이룬다. 부모와 형제가 뛰어나다는 의미다. 그러나 壬子〔時〕에 이
르러서는 水〔財〕가 통제불능이 되어 버린다.

<乾命>

時	日	月	年
乙	壬	丁	戊
巳	辰	巳	申

⊙대운

75	65	55	45	35	25	15	5
乙	甲	癸	壬	辛	庚	己	戊
丑	子	亥	戌	酉	申	未	午

壬辰일주는 火土〔乙巳丁巳〕로 金水〔申辰〕를 잡으려는 사주다. 金水
세력이 만만치 않은데 己未대운 丁卯년에 운運에서 申辰을 제압하고
서울대학교에 입학하였다.

대운大運이 戊午 己未의 火운에서 金水대운으로 변하자 申辰이 힘을
얻어 하는 일마다 계속 실패했으며 결국 폐인이 되었다.

**壬辰일주인데 왜 申辰〔陰〕으로 巳巳〔陽〕을 제압한다고 해석하지 않고
반대로 보는가?**

壬일간이 丁壬합으로 丁巳를 사용하겠다는 의사표현을 했고 乙〔傷官〕로
서 乙巳를 쓰겠다고 이미 결정했기 때문이다.

제압된 세력이 커서 격格이 큰 경우와 제압이 안 되어 격格이 깨져 있는 경우를 구분해야 한다. 위의 壬辰일주는 제압이 안 된 사항인데 대운大運의 도움을 받은 것이다.

<乾命>

時	日	月	年
甲	庚	戊	壬
申	寅	申	戌

⊙ 대운

71	61	51	41	31	21	11	1
丙	乙	甲	癸	壬	辛	庚	己
辰	卯	寅	丑	子	亥	戌	酉

庚寅일주는 木火〔寅戌〕세력이 金〔申申〕을 제압하는 사주이다. 戌대운에 서울대학교에 진학하였다. 戌대운이 지나면 辛亥 壬子 癸丑대운으로 火가 꺼지는 운運이다.

申은 표면적으로는 庚의 록祿이지만 庚과 申이 연관성이 없기에 겁재劫財이다. 월시月時 申申〔劫財〕을 제거하는 것은 일단 능력 있는 것이다. 庚戌대운은 庚〔자신〕이 戌〔火庫〕위에 앉아 寅戌〔火局〕을 응기시키는 대운大運이다.

겁재劫財를 제압한다는 것은 뛰어난 능력을 말한다. 겁재劫財의 재財를 빼앗거나 복속服屬시키는 사주 상象은 타인他人과 경쟁하여 성공하는 길상吉象이다.

<乾命>

時	日	月	年
丙	丙	丁	丁
申	辰	未	亥

◉대운

79	69	59	49	39	29	19	9
己	庚	辛	壬	癸	甲	乙	丙
亥	子	丑	寅	卯	辰	巳	午

丙辰일주는 丁亥〔年〕丁未〔月〕 겁재劫財를 辰에 집어넣고 통제하였다. 丙辰이 통제하는 규모가 엄청난데 부富가 크다는 것을 알 수 있다. 丙〔자신〕이 丁丁〔劫財〕을 제압했으니 여러 사람을 통제한다. 이 사람은 큰 기업을 경영하는 대표이사代表理事이다.

<乾命>

時	日	月	年
戊	戊	丁	壬
午	戌	未	戌

◉대운

78	68	58	48	38	28	18	8
乙	甲	癸	壬	辛	庚	己	戊
卯	寅	丑	子	亥	戌	酉	申

戊戌일주는 거대한 火土〔戊午戊戌丁未戌〕 세력이 水〔壬〕를 제압하려는 의도를 드러내었다. 대운大運이 金水로 반드시 흘러주어야 하는데 己酉대운에 서울대학교에 진학하였다.

戊戌일주는 丁壬합으로 무엇을 지향하는지 그 의도를 분명히 하였다.
천간의 壬은 보잘 것 없지만 金水대운에는 힘을 발휘한다.

<坤命>

時	日	月	年
甲	丙	壬	丁
午	午	寅	卯

⊙대운

73	63	53	43	33	23	13	3
庚	己	戊	丁	丙	乙	甲	癸
戌	酉	申	未	午	巳	辰	卯

위의 丙午일주도 丁壬합을 했는데 유치원 교사를 하고 있다. 丁〔劫財〕
이 壬〔官〕을 합하여 년월年月이 겁재劫財의 영역이 되었다. 辰대운에
壬이 힘을 얻지만 卯辰천으로 辰〔水庫〕을 얻는 것은 丁〔劫財〕이다. 고
등학교, 대학교 시기에 공부를 잘할 수 없었다.

<乾命>

時	日	月	年
丁	己	甲	戊
卯	巳	子	申

⊙대운

74	64	54	44	34	24	14	4
壬	辛	庚	己	戊	丁	丙	乙
申	未	午	巳	辰	卯	寅	丑

己巳일주는 木火土〔丁卯己巳甲戊〕 세력이 金水〔申子〕를 제압하는 상
象이다. 己巳〔자신〕가 戊申〔劫財〕의 재財를 제압하고자 하니 길상吉象
이며 火土 세력이 金水를 제압하려고 하니 그릇이 작지 않다. 사주원
국에서 천간天干은 양陽이 장악했지만 지지地支는 음양陰陽의 힘이 비
슷하여 대운大運의 흐름을 파악해야 한다.

丙寅대운에 卯巳〔陽〕가 힘이 강해져 申子〔陰〕를 제압하고 서울대학
교에 입학하였다. 辰대운에는 반대로 申子〔陰〕가 힘을 얻어 卯巳〔陽〕
를 제압하여 가정이 무너지고 많은 고초苦楚를 겪었다. 辰대운이 지나
면 巳午未대운으로 흐르기에 다시 양陽이 힘을 얻는다.

아래는 노무현 대통령의 사주이다.

앞의 己巳일주는 火土 세력이 金水를 제압하려는 상(象)은 비슷한데 왜 위대하지 못한 것일까? 그것도 계속 木火대운으로 좋은 운으로 달려왔는데 적어도 국가의 주요(主要) 지도자는 되어야 하는데 왜 그렇게 되지 못했을까?

< 乾命 >

時	日	月	年
丙	戊	丙	丙
辰	寅	申	戌

⊙ 대운

63	53	43	33	23	13	3
癸	壬	辛	庚	己	戊	丁
卯	寅	丑	子	亥	戌	酉

천간(天干)은 하늘의 뜻〔권력〕이며 지지(地支)는 땅의 축복〔물질〕이다.

천간(天干)이 자신〔日干〕과 뜻을 같이 한다는 것은 이름을 날리고 권위를 얻는 것을 말한다. 지지(地支)에서 축복을 받은 것은 물질적인 풍요를 말한다. 천간(天干)이 지지(地支)를 지배한다면 대길상(大吉象)이다.

戊와 己는 근본적으로 다르다.

己巳일주〔서울대학교 졸업〕는 이미 년年에서 겁재劫財가 申〔食財〕을 장악했기에 이를 빼앗고자 하는 의도를 가진 사주로 노무현 대통령 사주와는 차원이 다르다.

노무현 대통령의 사주가 훨씬 격格이 높은 것이다.

<乾命>

時	日	月	年
甲	丁	甲	癸
辰	酉	子	巳

⊙대운

77	67	57	47	37	27	17	7
丙	丁	戊	己	庚	辛	壬	癸
辰	巳	午	未	申	酉	戌	亥

위의 丁酉일주는 중국을 통일한 모택동毛澤東의 사주이다. 천간天干이 하늘의 뜻을 얻었고 지지地支를 지배하였다. 甲辰[時]의 위력이 매우 강렬한데 丙辰대운 丙辰년에 사망하였다. 丙[劫財]이 辰을 빼앗아간 것이다.

<乾命>

時	日	月	年
己	壬	壬	丙
酉	辰	辰	辰

⊙대운

78	68	58	48	38	28	18	8
庚	己	戊	丁	丙	乙	甲	癸
子	亥	戌	酉	申	未	午	巳

壬辰일주는 酉辰辰辰합으로 己酉[時]에 집중한 것과 金水[酉壬辰壬辰辰]의 음陰 세력이 丙[一陽]에 집중된 것의 상반相反된 두 가지 특징이 있다.

壬辰일주에게 丙이 좋겠는가? 己가 좋겠는가? 사주를 장악하고 있는 金水의 입장에서는 丙[火]이 가치 있고 좋다. 己酉[時]는 한습寒濕하여 음기陰氣가 많아 壬辰[日柱]에서 별로 도움이 되지 않는다.

초년 癸巳 甲午대운에서 丙이 큰 뿌리를 얻어 어릴 때부터 공부를 잘했으며 서울대학교에 입학하였다. 乙未대운도 좋다. 火대운이 끝나고

金水대운으로 흐르자 己〔명예〕를 좇아 새로운 세계에 도전하였다.

사주에서 연월일시年月日時는 그 사람의 심리를 말해 준다.

년월〔年月：소년기~청년기〕은 壬〔자신〕의 마음이 丙에 가깝고 일시〔日時：장년기~노년기〕는 壬〔자신〕의 생각이 己에 집중되어 있다.

이미 사주원국에서 결정되어 있는 것이다. 대운大運도 그렇게 가고 있지 않은가?

〈乾命〉

時	日	月	年
辛	丙	乙	乙
卯	戌	酉	卯

⊙대운

80	70	60	50	40	30	20	10
丁	戊	己	庚	辛	壬	癸	甲
丑	寅	卯	辰	巳	午	未	申

丙戌일주는 木火〔卯丙戌乙乙卯〕 세력이 金〔辛酉〕을 제압하는데 완전하지 못하다. 卯戌합으로 戌이 묶여 酉戌천이 되지 않기 때문이다. 甲申대운에는 명문대 진학에 실패했다. 癸未대운에 戌未형으로 卯戌합이 풀려 서울대학교에 입학했고 법조인이 되었다.

제압하려는 글자가 어느 위치에 있느냐에 따라서 그릇의 크기가 달라진다.

위의 丙戌일주는 월月의 酉를 제압했기에 의미가 크다.

다음의 己未일주는 일지日支를 제압하여 그릇이 줄어들었다.

<坤命>

時	日	月	年
癸	己	癸	壬
酉	未	丑	子

⊙대운

76	66	56	46	36	26	16	6
乙	丙	丁	戊	己	庚	辛	壬
巳	午	未	申	酉	戌	亥	子

"따님은 고등학교 때 아주 공부를 잘했을 것입니다. 하지만 좋은 성적만큼 큰 출세를 하지는 못했을 것입니다."

"우리 딸 사주를 여러 철학관에서 물어보았지만 제대로 풀이한 곳을 찾지 못했어요. 왜 공부를 잘했는지를 이해 못하더군요. 고등학교 시절에 전교 1등만 하여 큰 기대를 했는데 현재 중학교 교사를 하고 있습니다."

己未일주의 핵심은 무엇일까?

丑未충이다. 그런데 子丑합 때문에 丑未충이 되지 않는다. 癸酉〔時〕를 유심히 볼 필요가 있다. 癸酉는 癸丑〔月〕과 酉丑합을 이루고 子酉파로 子丑합을 약화시켜 丑未충을 가능하게 한다. 덕분에 癸丑〔月〕이 살아난다.

이 사주의 부모는 고학력에 집안도 다복하였다.

공부를 왜 잘했는가?

많은 金水〔壬子癸丑癸酉〕가 丑未충으로 未〔官殺庫〕를 열었기 때문이다. 대운을 보면 辛亥대운에 고등학교 시절을 보내는데 丑未충을 방해하지 않는다. 공功을 이루는데 아무 문제가 없었다.

왜 큰 출세를 하지 못했을까?

未〔日支〕의 규모가 작기 때문이다. 50대 중반까지 水金대운으로 큰 재미가 없다. 丁未대운에 자신〔己未〕의 능력이 최대로 발휘될 것이지만 근본적으로 사주원국에서 이미 未의 그릇은 한정되었다.

명문대 진학과 출세는
일치하지 않는다

명문대에 진학하는 것과 출세와는 어떤 연관성이 있을까?

명문대에 진학한다는 것은 일찍부터 자신의 능력이 발휘되어 좋은 직장을 얻을 수 있는 여건이 마련되는 것이다. 하지만 명문대를 나왔다고 반드시 성공하는 것은 아니다.

인생의 성공은 연월일시(年月日時)에서 모두 공(功)을 이루는 좋은 사주를 갖추어야 한다. 만약 연월일(年月日)에서 공(功)을 이루다가 시(時)에서 배반(背反)하면 장년기(壯年期)까지의 성취가 모두 헛되게 된다.

명문대를 졸업하여 출세가도를 달리다가 어느 순간에 삶 전체가 몰락하는 경우를 우리는 흔하게 볼 수 있다. 반대로 어린 시절 가난하고 힘들게 살다가 인생 후반기에 큰 성공을 이루는 사람도 많이 본다.

명문대 진학은 고등학교 시절까지 얼마만큼 공부를 잘했느냐의 문제이지 인생의 성공을 말해 주지 않는다.

<乾命>

時	日	月	年
壬	壬	壬	癸
寅	辰	戌	丑

⊙대운

75	65	55	45	35	25	15	5
甲	乙	丙	丁	戊	己	庚	辛
寅	卯	辰	巳	午	未	申	酉

壬辰일주는 水〔壬壬辰壬癸丑〕의 거대한 세력이 火〔寅戌〕를 제압하려는 사주이다. 천간天干은 음陰이 장악했지만 지지地支는 음양陰陽의 힘이 균형을 이루어 대운大運의 영향을 반드시 받을 수밖에 없다. 학창 시절 辛酉 庚申대운으로 흘러 寅戌〔陽〕이 완전히 제압되어 고등학교 때까지 반에서 1등만 할 정도로 공부를 잘했으며 연세대학교 명문과에 들어갔다. 이때까지 출세가도出世街道에 문제가 있을 것이라고 의심한 사람은 아무도 없었다. 己未대운부터 陽〔寅戌〕이 역逆으로 陰〔丑辰〕을 깨부수니 풀리는 일이 전혀 없었다. 戊午대운에 마음을 비우고 공장에 들어가 육체노동을 하였다.

위의 壬辰일주는 時에서 壬寅〔陽〕을 만났다. 불길不吉한 寅〔陽〕이 하필 時에 자리를 잡았으니 초년에 크게 성공한들 아무 소용이 없다. 대운大運이 흘러가는 방향을 보아라! 火木으로 흘러 사주원국의 흉凶을 바로 말해 주고 있다.

庚申대운은 매우 멋진데 寅戌〔陽〕을 모두 제압하여 천간지지天干地支가
서로 뜻을 같이 하였다. 己未대운으로 흐르면서 寅戌〔陽〕이 힘을 얻어 천
간〔陰〕을 극하여 매우 흉凶하다. 戊午 丁巳 丙辰 乙卯 甲寅으로 대운大
運이 흐르는데 어느 하나 쓸만한 운運이 하나도 없다.

천간天干이 하늘의 뜻을 얻었다면 반드시 지지地支를 제압해야 한다. 지지
地支가 천간天干을 배반背反한 대가는 매우 혹독하다.

<坤命>

時	日	月	年
辛	庚	丙	丁
巳	子	午	巳

◉ 대운

78	68	58	48	38	28	18	8
甲	癸	壬	辛	庚	己	戊	丁
寅	丑	子	亥	戌	酉	申	未

庚子일주는 거대한 火〔巳丙午丁巳〕를 가지고 있는데 丙辛합으로 火의
세력을 이용하겠다는 의사를 표현했다. 하지만 火가 제압하고자 하는
辛庚子는 자신〔庚〕으로서 모순에 쌓여 있다. 未대운까지 전교 1등을
할 정도로 공부를 잘했고 戊대운에 고려대학교의 명문과에 진학했다.
申대운 이후로는 이룬 것이 하나도 없었다.

庚子일주는 火〔巳丙午丁巳〕 기운이 자신〔庚子〕에 도움을 주지 않다가 인
성印星운인 未와 戊대운에서 일시적으로 영향을 주었다. 인성〔印星-土〕
을 만나 관살〔官殺-火〕이 火→土→金으로 설기洩氣되어 강렬한 살기
〔殺氣-巳丙午丁巳〕가 자신을 돕게 된 것이다.

만약 土가 火를 설洩하지 못하면 庚子〔자신〕는 강력한 火〔官殺〕를 감당할 수 없다.

申대운부터 국가고시에 집중했지만 성취가 없었고 세상과 벽을 쌓았다.

<乾命>

時	日	月	年
庚	戊	戊	辛
申	子	戌	亥

⊙대운

77	67	57	47	37	27	17	7
庚	辛	壬	癸	甲	乙	丙	丁
寅	卯	辰	巳	午	未	申	酉

戊子일주는 지방의 이름없는 전문대를 나와 큰 부富를 쌓아가며 성공가도成功街道에 있는 사업가다. 성격이 호방하고 인간관계가 넓으며 사업수완이 뛰어나다. 컴퓨터 사업을 시작으로 도시가스 사업까지 진출했다.

이 사주의 핵심은 戌〔月〕이다. 거대한 金水〔庚申子辛亥〕가 戌〔火庫〕에 의해서 움직이는데 戌이 열리면 돈〔財-庚申子辛亥〕을 버는 것이다.

戌은 무엇일까? 火의 창고倉庫다. 컴퓨터 인터넷은 戌의 상象이며 도시가스는 더욱 戌의 상象이다.

초년 丁酉 丙申대운은 戌〔月〕이 힘을 잃어 능력을 발휘하지 못하고 전문대에 진학했다. 乙未 甲午 癸巳대운은 戌〔月〕이 크게 움직이는데 계속 많은 돈을 벌고 있다. 근본적으로 이 사주는 재복財福을 타고난 사람이다.

<乾命>

時	日	月	年
辛	戊	辛	壬
酉	子	亥	申

⊙대운

80	70	60	50	40	30	20	10
己	戊	丁	丙	乙	甲	癸	壬
未	午	巳	辰	卯	寅	丑	子

壬申년 戊子일주는 연세대학교에 진학했다.

앞의 辛亥년 戊子일주와 차이점이 무엇일까?

식상생재食傷生財로서 격格을 이루었는데 火기운氣運이 없다. 비록 명문대에 진학했다고 하지만 辛亥년생이 가진 그릇 만큼은 못된다. 인생 후반기 丁巳 戊午대운에서 火운을 만나지만 사주원국에서 이미 존재하는 것과 대운大運에서 만나는 것은 본질적으로 다르다.

<乾命>

時	日	月	年
壬	癸	乙	癸
戌	丑	丑	丑

⊙대운

72	62	52	42	32	22	12	2
丁	戊	己	庚	辛	壬	癸	甲
巳	午	未	申	酉	戌	亥	子

癸丑일주는 고등학교 시절에 두각을 나타내지 못하고 지방대학교의 법대에 진학하였다. 戌대운에 이르자 사법고시에 합격했으며 현재 뛰어난 변호사로 활동하고 있다.

癸丑일주는 金水〔癸丑丑癸丑〕가 戌〔火庫〕을 제압한 것으로 부富한 사주다. 癸丑〔자신〕의 의도는 乙〔食神〕로써 丑丑丑을 통제하여 壬〔劫財〕의 戌〔財庫〕을 제압하고자 함이다. 시時에서 戌을 만난 것은 길상吉象이다.

명문대시주

수능으급파

03

사주

명문대 사주

수능등급과 사주 구분

대학수학 능력시험은 1994학년도부터 우리나라 대학 입시에 도입된 시험인데 줄여서 '수능'이라고 말한다. 1982년도부터 1993년도까지의 대학 입시제도였던 대학입학 학력고사는 고등학교에서 배우는 과목별로 문제가 출제되었으나 1994년부터 시작된 수능시험은 통합적인 사고력을 측정하고자 언어영역, 수리영역, 외국어영역, 탐구영역, 제2외국어/한문영역으로 나누어 실시되고 있다.

2002학년도 수능시험부터는 총점 대신 계열별 백분위에 따라 수험생의 등급을 정하게 되었는데 등급제는 수능 총점 소수점 이하 몇 자리에서 당락이 결정되던 이전 방식을 자격기준으로 활용하게 하기 위해 도입되었다.

수능 9등급제는 전체 수능 응시학생을 400점 만점 변환표준점수를 기준으로 최상위 점수에서 최하위까지 9등급으로 나누고, 개별 학생이 속해 있는 해당 등급을 표시한 것이다. 등급은 계열별 변환표준점수를 기준으로 상위 4%가 1등급, 다음 7%(누적 11%)가 2등급, 12%(누적 23%) 3등급, 17%(누적 40%) 4등급, 20%(누적 60%) 5등급, 17%(누적 77%) 6등급, 12%(누적 89%) 7등급, 7%(누적 96%) 8등급, 4%(누적 100%) 9등급으로 매겨진다.

2014년 현재를 기준으로 수능등급표는 아래와 같다.

수능등급	상위 해당(%)	분포(%)
1등급	0 ~ 4	4
2등급	5 ~ 11	7
3등급	12 ~ 23	12
4등급	24 ~ 40	17
5등급	41 ~ 60	20
6등급	61 ~ 77	17
7등급	78 ~ 89	12
8등급	90 ~ 96	7
9등급	97 ~ 100	4

사주를 통해서 수능등급을 예측할 수 있는 것은 명문대 입학사주를 연구하면서 이해한 내용이다. 등급별로 사주를 설명한 것은 2014년 현재의 수능시험을 기준으로 하였으며 시대가 바뀌어 새로운 대학입학시험 형식이 도입되면 이 내용을 참고로 응용하면 될 것이다.

필자는 수능등급에 따라 1등급 사주〔最上〕, 2등급 사주〔上〕, 3등급 사주〔中〕, 4~5등급 사주〔中下〕, 6~9등급 사주〔下〕로 구분하였다. 이 구분은 단순히 수능시험의 성적에 대한 구분이며 인생 성공과는 연관성이 적다.

사주팔자는 매우 다양한 형태를 가지고 있기에 아래의 구분으로 전체 사주를 판별할 수 없다는 점을 먼저 말하고 싶다. 하지만 아래를 검토해서 추가적인 연구를 해본다면 수능등급을 구별할 수 있는 혜안(慧眼)을 가질 수 있을 것이라 믿는다.

■1 수능 1등급 사주

❶ 강한 세력勢力이 힘 있는 세력勢力을 제압하는 사주 〈운運이 좋을 때〉
❷ 강성한 세력勢力을 힘차게 설기洩氣하는 사주 〈운運이 좋을 때〉
❸ 강성한 세력고勢力庫를 통제하는 사주 〈운運이 좋을 때〉
❹ 운運에서 ❶❷❸의 경우로 성립되는 사주

<坤命>

時	日	月	年
丙	壬	辛	壬
午	戌	亥	戌

⊙ 대운

80	70	60	50	40	30	20	10
癸	甲	乙	丙	丁	戊	己	庚
卯	辰	巳	午	未	申	酉	戌

壬戌일주는 戌대운 庚辰년에 수능시험에서 1등급을 받았고 현재 의사를 하고 있다. 庚辰년에 辰戌충으로 火土〔丙午戌戌〕가 金水〔辛亥〕를 크게 제압했다. 사주가 좋고 대운도 좋았다.

② 수능 2등급 사주

❶ 강한 세력勢力이 작은 세력勢力을 제압하는 사주 〈운運이 좋을 때〉

❷ 중상급 세력勢力을 설기洩氣하는 사주 〈운運이 좋을 때〉

❸ 중상급 세력고勢力庫를 통제하는 사주 〈운運이 좋을 때〉

❹ 운運에서 ❶❷❸의 경우로 성립되는 사주

※ 수능 2등급 사주는 수능1등급 사주에 비해 세력勢力의 응집력이 떨어진다.

❺ 수능 1등급 사주인데 운運이 약할 때

<坤命>

時	日	月	年
乙	乙	乙	乙
酉	丑	酉	丑

⊙대운

75	65	55	45	35	25	15	5
癸	壬	辛	庚	己	戊	丁	丙
巳	辰	卯	寅	丑	子	亥	戌

乙丑일주는 간호학과에 진학한 사주이다. 살고〔殺庫－丑〕를 통제하고 있으나 박진감이 떨어진다. 만약 살고〔殺庫－丑〕를 통제하고 식상食傷으로 살殺까지 제압했다면 수능 1등급이 되었을 것이다. 丁亥대운에 수능을 치렀다.

<乾命>

時	日	月	年
乙	乙	己	乙
酉	丑	丑	丑

⊙대운

75	65	55	45	35	25	15	5
辛	壬	癸	甲	乙	丙	丁	戊
巳	午	未	申	酉	戌	亥	子

己丑월 乙丑일주는 가난하고 공부를 못하여 고등학교 때부터 육체노동으로 힘든 삶을 이어갔다. 재생살財生殺로써 살기殺氣가 자신〔乙〕을 극剋하였다. 간호사인 乙酉월 乙丑일주와는 월月만 다를 뿐인데 전혀 다른 삶을 살고 있다.

③ 수능 3등급 사주

❶ 강한 세력勢力이 힘 있는 세력勢力을 제압하는 사주 〈운運이 안 좋을 때〉

❷ 강성한 세력勢力을 힘차게 설기洩氣하는 사주 〈운運이 안 좋을 때〉

❸ 강성한 세력고勢力庫를 통제하는 사주 〈운運이 안 좋을 때〉

※ 위의 ❶❷❸은 운運이 좋으면 수능 1등급이나 운運이 안 좋아 상象이 훼손되
   면 그 정도에 따라 수능 2~4등급을 형성한다.

❹ 일주日柱 세력勢力과 제압할 세력勢力이 비슷한 사주 〈운運이 좋을 때〉

※ 세력勢力의 힘이 중화中和된 사주가 좋은 운運일 때 수능 3등급 안팎을 형성한다.
   운運이 안 좋으면 수능 5등급 안팎이다.

❺ 강한 세력勢力이 약한 세력勢力을 제압하는 사주 〈운運이 평범할 때〉

❻ 중상급 세력勢力이 설기洩氣하는 사주 〈운運이 평범할 때〉

〈坤命〉

時	日	月	年
戊	丙	己	乙
戌	午	卯	亥

⊙대운

76	66	56	46	36	26	16	6
丁	丙	乙	甲	癸	壬	辛	庚
亥	戌	酉	申	未	午	巳	辰

丙午일주는 辛대운 癸巳년에 수능에서 2.5등급을 받았다. 木火土의
세력이 亥〔年〕에 집중된 형상인데 亥의 역량이 약하다. 辛대운이 庚辰
대운보다는 못하지만 나빠지는 않다. 庚辰대운 중학교 때까지 공부를
아주 잘하다가 辛대운 고등학교에 들어와서 성적이 하락했다.

4 수능 4~5등급 사주

❶ 강한 세력勢力이 약한 세력勢力을 제압하는 사주 〈운運이 안 좋을 때〉

❷ 중하급 세력勢力을 설기洩氣하는 사주 〈운運이 안 좋을 때〉

❸ 중하급 세력고勢力庫를 통제하는 사주 〈운運이 안 좋을 때〉

❹ 일주日柱 세력勢力과 제압할 세력勢力이 비슷한 사주 〈운運이 안 좋을 때〉

❺ 팔자八字의 공功이 작은 사주 〈운運이 좋을 때〉

〈乾命〉

時	日	月	年
壬	乙	辛	甲
午	卯	未	子

⊙ 대운

76	66	56	46	36	26	16	6
己	戊	丁	丙	乙	甲	癸	壬
卯	寅	丑	子	亥	戌	酉	申

乙卯일주는 木火〔午乙卯未甲〕 세력이 子〔年〕를 제압하는 사주로 보이지만 癸대운 壬午년에 수능에서 5등급을 받았다. 卯未합 때문에 卯未가 폐기되어 팔자八字의 공功이 작아졌다. 壬申 癸酉대운 때의 학업 성적은 午의 역량에서 나온 점수이다.

5 수능 6~9등급 사주

❶ 음양陰陽의 기氣가 집중되지 않고 흩어진 사주

❷ 팔자八字의 공功이 작은 사주 〈운運이 안 좋을 때〉

❸ 팔자八字의 공功이 없는 사주

❹ 화염조토火炎燥土나 목화분멸木火焚滅 사주

❺ 겁재劫財가 연월일시年月日時를 장악한 사주

〈坤命〉

時	日	月	年
甲	辛	己	丙
午	酉	亥	子

⊙대운

75	65	55	45	35	25	15	5
辛	壬	癸	甲	乙	丙	丁	戊
卯	辰	巳	午	未	申	酉	戌

辛酉일주는 丁대운 甲午년에 수능 8등급을 받았다. 金水〔辛酉亥子〕가 甲午〔時〕를 제압하는 것처럼 보이지만 辛酉〔자신〕는 丙辛합 외에는 아무런 공功이 없다. 己亥〔月-부모〕는 뛰어난데 아버지가 능력이 좋아서 집은 부유하다.

학업성취에 영향을 주는 요인

■ 타고난 두뇌와 성격

공부를 잘한다는 것은 학문(學問)을 다루는 두뇌가 뛰어나다는 것을 말한다. 남들보다 암기력, 분석력, 집중력 등이 발달하여 학업성취에 유리한 성격을 타고난 것이다.

많은 사주팔자(四柱八字)를 분석하는 과정에서 공부 잘하는 사주의 공통된 특징을 이해하게 되었다. 집중력이 매우 뛰어났다. 운(運)이 좋으면 그것이 더 강해져 학업성적이 매우 높았고 운(運)이 안 좋아도 중상위권은 유지했다.

그렇다면 공부를 잘하면 부유(富有)하게 살 수 있을까?

학업성취에 유리한 사주가 있다면 반대편에는 재물 생성에 유리한 사주가 있다. 전자(前者)가 지위와 명예가 강하다면 후자(後者)는 재화(財貨)를 만들어내는 능력이 뛰어나다.

공부를 잘하는 것과 물질적으로 잘사는 것은 별개의 문제인 것이다.

그러나 지위도 높고 재물도 많은 부귀쌍전(富貴雙全) 사주도 많다는 것을 알아야 한다.

공부를 잘하면 모든 것이 형통하고 출세가 이루어졌던 것은 조선시대 과거제도가 큰 힘을 발휘했을 때의 일이다. 그때는 관직(官職)을 얻으면 권력과 재물도 같이 왔기 때문에 공부를 잘하여 과거에 급제하는 것이 출세가도를 달리는 가장 빠른 길이었다.

지금은 관(官-권력)의 시대가 아니며 재(財-물질)의 시대로서 재물을 모아 어떻게 잘사느냐에 사람들의 생각이 집중되어 있다. 공부를 잘하려는 것은 좋은 직장을 얻어서 연봉을 많이 받거나 의사처럼 고급기술로 많은 돈을 벌기 위해서이지 과거 왕권국가 시절처럼 권력을 얻고자 함은 아니기 때문이다.

사주를 관직(官職)과 재물(財物)에 유리한 유형으로 나눌 수 있다면 왜 일부 사람만 성공하고 평범한 사람들이 다수를 이룰까?

역량의 문제이다.

자신의 꿈이 의사이고 그 기질을 가지고 있다고 해서 의사가 되는 것이 아니다. 학교에서 실시하는 적성 검사는 자신의 성향을 검사하는 것이지 능력을 말하는 것이 아니다. 관(官)을 추구하든 재(財)를 추구하든 타고난 역량이 약하면 평범하게 살 수밖에 없는 것이다.

<乾命>

時	日	月	年			⊙대운							
甲	乙	壬	乙			79	69	59	49	39	29	19	9
申	未	午	亥			甲	乙	丙	丁	戊	己	庚	辛
						戌	亥	子	丑	寅	卯	辰	巳

"공부를 아주 잘하는 아이예요. 지금 재수하고 있는데 서울지역 의대에 갈 수 있나요?"

어느 날 재수를 하고 있는 남학생의 어머니가 문의를 하였다.

乙未일주는 巳대운 끝인 癸巳년에 고3을 보냈다. 성적을 얼마나 예상할 수 있을까?

수능 2등급 정도를 예상할 수 있다. 사주 그릇은 평범한데 대운(大運)의 영향으로 성적이 잘 나올 수 있었다. 문제는 그 다음 해(庚辰대운 甲午년)부터이다. 대운(大運)이 庚辰대운으로 넘어가면 성적이 잘 나오기 힘들다.

"제가 생각할 때 의대는 힘들고 서울지역 낮은 과나 지방대는 가능할 것 같습니다."

"지방대학 의대는 가능한가요?"

"지방대학이라 할지라도 의대는 불가능할 것입니다."

　이 학생은 고3〔癸巳년〕 수능시험에 1등급과 2등급이 혼재된 성적을 받았다. 자신은 서울지역 의과대학(醫科大學)을 원하여 재수를 하고 있는데 부모는 아들의 뜬구름 잡는 생각에 속이 탄다고 한다. 이미 庚辰대운에 들어섰으니 10년 동안 자신의 길을 찾지 못하고 헤맬 것이 눈에 선하다.

　乙未일주는 대운(大運) 때문에 받은 깜짝 좋은 점수를 자신의 타고난 역량으로 착각하고 있는 것이다. 그 대가는 庚辰대운에서 혹독하게 경험할 것이다.

② 시험 시기에 주어진 운(運)

　수능 때 좋은 운(運)을 만나면 무기력했던 학생이라도 무서운 집중력과 지구력이 생기면서 성적이 올라간다. 운(運) 때문에 자신의 역량 이상으로 잘 풀리는 것이다. 반대로 뛰어난 능력의 학생이 나쁜 운(運)을 만나면 집중력이 흐트러지고 성적이 내려간다.

　대학수능시험 점수는 미세한 운(運)에도 변화가 많기 때문에 명문대에 진학하려면 최적의 대운(大運)과 세운〔歲運－수능시험을 치는 해〕을 만나는 것이 가장 좋다.

　재수(再修)를 생각한다면 앞으로 펼쳐질 대운(大運)과 세운〔年〕을 알아야 한다. 만약 길운(吉運)이라면 반드시 풀릴 것이나 그 반대라면 불필요한 시간 낭비가 될 것이다.

무조건 운(運)이 좋아야 수능점수를 잘 받을 수 있을까?

운(運)을 말하기 이전에 먼저 생각해야 할 것이 있다. 타고난 사주팔자(四柱八字)의 공부 능력이다. 사주(四柱)에서 이미 학업성취의 한계점이 정해져 있다.

운(運)이 아무리 좋아도 공부 안 되는 팔자(八字)의 성적이 폭등하지 않으며 운(運)이 나쁘다고 공부 잘하는 팔자(八字)의 성적이 폭락하지 않는다.

<坤命>

時	日	月	年
丙	戊	丙	乙
辰	子	戌	亥

⊙대운

75	65	55	45	35	25	15	5
甲	癸	壬	辛	庚	己	戊	丁
午	巳	辰	卯	寅	丑	子	亥

戊子일주는 火土〔丙戊丙戌〕가 水〔辰子亥〕를 제압하는 구조인데 水 세력이 너무 강하다. 기초 학력이 부족하다. 戊子대운 癸巳년 좋은 운運에 수능을 쳤지만 4.5등급을 받았다. 팔자八字가 성적이 잘 안 나오는 구조이기 때문이다.

하지만 이 사주는 재財가 강한 사주로 부자명富者命이다.

③ 부모(조상)의 경제력

부모의 능력은 보통 사주팔자에서 태어난 달〔月柱〕을 기준으로 판단한다.

월주(月柱)는 인생에 있어 청년기에 해당하는데 대학을 진학하고 직장을 잡고 결혼하는 시기를 말한다.

월주(月柱)에서 공(功)을 이룬 사주는 대학 진학과 취업에서 유리하다. 시주(時柱)에서 공(功)을 이루었다면 스스로 일어서야 하기에 성취하는데 시간이 필요하다. 조부모의 능력 또한 초년 학업성취 여건의 중요한 요인인데 그것은 년주(年柱)에서 공(功)을 이루는 것을 말한다.

부모의 능력이라면 구체적으로 무엇을 의미할까?

경제적 능력이다. 부모의 경제적 능력은 자식의 학업성취에 많은 영향을 끼친다. 그러나 부모가 경제력이 있다고 반드시 학업성적이 높은 것은 아니다. 월주(月柱)의 공(功)이 자신과 반드시 관련성이 있어야 한다.

甲寅일주는 년월年月에서 공功을 이루었다. 할머니가 부모에게 큰 상

가 건물을 물려주었는데 어린 시절 큰 고민없이 안정적으로 자신이 하고 싶은 일을 추진할 수 있었다.

4 동성과 이성문제

많은 부모들이 고등학교 때의 이성(異性)교제는 공부에 방해가 된다고 생각한다. 사주팔자(四柱八字)의 관점에서 생각할 때 이성교제와 학업성적은 별개의 문제이다.

학창 시절에 공부를 방해하는 요인은 매우 다양하다.

이성교제는 상황에 따라 학업성취에 긍정적일 수도 있고 부정적일 수도 있다. 오히려 학업성취에 큰 영향을 주는 것은 동성(同性)관계이다.

우리나라는 유교의 영향이 아직도 깊어 남녀를 구분하려는 의식이 강하다. 중고등학교 문화는 동성(同性) 중심이며 서양만큼 이성(異性)교제가 개방적이지 않다. 이런 이유로 동성(同性)은 심리적으로 가까우면서도 성적을 다투는 경쟁자이기에 학업성취에 이성(異性)보다 더 영향을 준다.

사주(四柱)를 해석할 때 재관(財官)은 자신의 재물(財)과 권력(官)인데 남자에게 재(財)는 여자이며 여자에게 관(官)은 남자이다. 동성

(同性) 친구는 비겁(比劫)으로 재관(財官)을 극(剋)하는 역할을 한다.

사람들은 재물(財)과 권력(官)을 어떻게 얻을 것인가에 인생의 초점이 맞춰져 있다.

재관(財官)이 발달하고 자신이 모두 소유한다면 인생이 풍족해진다. 하지만 비겁(比劫-타인)이 자신의 재관(財官)을 가져가 버린다면 인생이 불행해질 것이다.

남자든 여자든 이성(異性)에 해당하는 재관(財官)이 발달할수록 좋다. 이성이 자신에게 호감을 갖는다는 것은 이미 인생을 성공할 수 있는 중요한 요건을 갖춘 것이다.

부모 중에는 이성(異性)을 멀리하고 공부만 하는 자녀에게 매우 흡족해 하는 분이 있다. 만약 대학생인데도 그렇다면 문제로 인식해야 한다. 공부는 못하지만 멋진 남자를 만나서 귀부인처럼 사는 여자도 많지 않은가?

중고등학교 자녀의 이성(異性)교제에 두려워할 필요가 없다.
이성(財官)과 교류한다는 것은 좋은 의미이다.

학업상담 04 실례

명문대 사주

상위권 성적의 학생

<乾命>

時	日	月	年
己	壬	壬	丙
酉	辰	辰	子

⊙대운

73	63	53	43	33	23	13	3
庚	己	戊	丁	丙	乙	甲	癸
子	亥	戌	酉	申	未	午	巳

남학생 한 명이 상담을 원하였다.

"공부 잘하네. 아마도 반에서 1~2등 할 것이다."

"쩔어요."

"쩔어요? '쩔어요'가 무슨 뜻이지?"

"아…… 네…… 전교 10등 안에 들어요."

壬辰일주는 거대한 金水〔酉壬辰壬辰子〕 세력을 가지고 있지만 제압할 대상인 丙〔年〕이 너무 약하다. 대운大運이 巳午未〔火地〕로 흐르면서 丙이 힘을 얻어 운運에서 그릇이 커졌다. 어릴 때부터 영특하다는 소리를 들었으며 고등학교 때까지 공부를 잘한 것은 당연한 일이다.

대운大運을 보면 巳대운(9세~13세)과 甲午 乙未대운(14세~23세)까지 아주 좋다.

중고등학교 시절에 인성印星운을 만나면 공부하고 재성財星운을 만나면 논다는 말을 역학서에서 본 적이 있을 것이다.

근거 없는 말이다. 이 사주는 재성財星운에 공부하고 인성印星운은 별 볼일 없다.

이 학생의 성적은 어느 정도로 예상할 수 있을까?

반에서 1~2등은 가능하나 전교에서 1~2등을 할 수 있는 사주의 상象은 아니다.

대학교는 어느 수준까지 가능할까?

수능 1등급을 받을 수 있지만 1등급 안에서 높아 보이지 않는다. 서울권 대학의 중간과 전후를 예상할 수 있다.

학교를 자퇴하다

<坤命>

時	日	月	年
辛	辛	辛	丙
卯	亥	丑	子

⊙대운

71	61	51	41	31	21	11	1
癸	甲	乙	丙	丁	戊	己	庚
巳	午	未	申	酉	戌	亥	子

이 여학생은 폭력적이고 무능력한 아버지와 마찰을 빚었으며 학교
다니기를 싫어했다.

고등학교 1학년〔亥대운 壬辰년〕에 학교를 자퇴하였다.

"저는 앞으로 어떻게 하면 좋을까요?"

辛亥일주와 辛卯시는 하나의 몸체로 辛亥〔자신〕의 목적은 卯에 있다.
문제는 卯가 子卯파破를 당했다.

143

丙子〔아버지〕가 辛卯를 합파合破한 것이다.

이 사주는 傷官〔水〕이 강하여 약한 丙〔官 – 학교, 아버지, 남편〕을 우습게
본다.
亥대운 壬辰년에 亥〔傷官〕가 응기하는데 이때 丙〔官〕을 쳐낸다. 丙壬충
으로 丙〔학교〕을 제거한 것이다.
하지만 辰에 亥子丑이 모두 입묘入墓하여 진로가 막혀 버렸다.
辰이 卯를 부수어 목적의식도 상실해 버렸다.

동성(同性) 친구들과 놀기만 하다

<乾命>

時	日	月	年
庚	己	乙	戊
午	卯	卯	寅

⊙ 대운

71	61	51	41	31	21	11	1
癸	壬	辛	庚	己	戊	丁	丙
亥	戌	酉	申	未	午	巳	辰

"우리 아이가 어떠한 것 같습니까?"

고등학교에 다니는 자녀를 둔 어머니가 물었다.

"공부가 전혀 안 될 것입니다. 여학생에게 관심이 없으며 남자친구들과 몰려다니면서 놀 것인데, 집에 자주 데리고 올 것입니다. 그 친구들은 모범생이 아니며 공부를 포기한 노는 부류로 보입니다. 속박받기를 싫어하며 학교 다니는 것에 스트레스가 많을 것입니다."

"네, 맞습니다. 여자에 대해서는 정말 조금의 관심도 없습니다. 남자친구들이 많은데 어울려 놀다가 집에 자주 데리고 옵니다. 공부는 반에서 꼴찌고 학교 다니기를 싫어합니다. 어떡해야 할까요?"

여기서 관살官殺은 동성同性 친구를 의미한다.

재〔財－여자〕가 관살〔官殺－남자〕을 생生하기 때문이다. 이 때문에 관살官殺이 왕성한데 통제가 안 되는 남자는 동성同性에 대한 스트레스가 강하다.

戊寅년 己卯일주는 관살〔官殺－동성 친구〕을 일지日支까지 끌고 왔기에 집안까지 친구들을 데리고 와서 논다.

이 학생은 丁巳대운 인성印星운이지만 공부를 하지 않는다. 타고난 사주가 공부와 담을 쌓았기 때문이다. 인성印星운은 엄마가 자신에게 신경쓰는 대운大運으로 공부와는 전혀 관련이 없다.

乙庚합을 잘 보아야 한다.

庚은 상관傷官으로 틀을 깬다는 의미인데 乙庚합으로 법과 규칙을 위반하려고 한다.

乙 관살官殺 남자친구들이 결코 좋은 친구들이 아님을 뜻한다.

다음의 丙子년 己卯일주를 한번 보자.

<乾命>

時	日	月	年
庚	己	庚	丙
午	卯	子	子

⊙대운

79	69	59	49	39	29	19	9
戊	丁	丙	乙	甲	癸	壬	辛
申	未	午	巳	辰	卯	寅	丑

"저 좀 봐 주세요."

남학생 여러 명이 몰려와서는 그중 한 명이 필자에게 사주 해석을 부탁했다.

"여학생을 사귈 때마다 계속 깨졌을 것이다."

남자친구들은 '딱 맞네' 하면서 깔깔대며 웃었다.

丙子년 己卯일주의 핵심은 무엇일까?

己〔일간〕가 庚子〔食財〕를 생生하는데 子卯파로 子가 깨졌다.

이 남학생은 공부가 안 되며 어릴 때부터 여학생〔庚子〕에게 관심이 많았다는 것을 알 수 있는데 子卯파로 연애관계가 지속되지 않는다.

여학생보다 남자친구와 더 가까운 것이 문제이다. 여자〔子〕를 사귈 때마다 남자친구〔卯〕 때문에 깨진다.

이 사주는 상관생재傷官生財로 財〔돈〕를 추구하기에 이성異性교제는 정상적이고 이로운 일이다. 하지만 동성同性 친구〔남자〕는 財〔돈, 여자〕를 깨부수는 역할을 하기에 자신에게 해롭다.

이성(異性)에게 인기 있는 남학생

<乾命>

時	日	月	年
乙	甲	辛	丙
丑	辰	卯	子

⊙대운

79	69	59	49	39	29	19	9
己	戊	丁	丙	乙	甲	癸	壬
亥	戌	酉	申	未	午	巳	辰

"이 남학생 좀 봐 주세요."

"어떤 관계니? 사연을 알아야 내가 말해 줄 수 있지 않겠니?"

"남자친구예요."

"이 남학생은 매우 잘생겼다. 그런데 여자가 너무 많다. 바람둥이다. 중학교 2학년 때부터 많은 여학생과 사귀었을 것이다."

"맞아요. 중학교 2학년 때부터 많은 여학생들이 관심을 가지기 시작했어요. 이 애가 너무 잘생겨서 이 애 생각만 나요. 저와 이 애가 인연이 될 수 있을까요?"

"그냥 친구로서 지내는 것이 좋을 것 같다. 이 남학생에게 너는 여러 여학생 중 한 명일 뿐이다."

甲辰일주는 甲이 辰[財庫]을 지배하고 있다. 辰에 丑이 입묘入墓하였는데 丑 또한 재고財庫로써 재고財庫에 재고財庫가 입묘入墓하니 여자가 많다.

왜 잘생겼는가?

卯월 양인羊刃이 왕旺하여 체력이 강하고 적절하게 살[근육]이 형성되었다는 것을 알 수 있다.

丙辛합으로 식상食傷과 관살官殺이 합合을 했다. 丙 식상食傷은 성性적인 아름다움이며 辛은 丙의 재성財星으로 여자이다. 성적인 매력이 여자들의 마음을 사로잡는다는 의미를 지닌다.

왜 바람둥이인가?

卯辰천을 했다. 辰은 甲[본인]에게 들어온 많은 여학생인데 卯辰천으로 서로 관계를 맺고 있다. 卯辰천은 속도감 있게 경험한다는 의미로 빠른 시간에 많은 여학생을 접했다는 뜻이다.

辰대운[중학교 2학년]에 卯辰천이 응기했다.

자녀의 성적을 이해하다

<坤命>

時	日	月	年
壬	庚	庚	戊
午	子	申	寅

◉대운

74	64	54	44	34	24	14	4
壬	癸	甲	乙	丙	丁	戊	己
子	丑	寅	卯	辰	巳	午	未

"부모님께서 혹시 자동차 관련 업종이나 유통업에 계시나요?"

"자동차 수리부품을 파는 가게를 운영하고 있어요. 그런 것도 보이나요?"

"그런 느낌이 들었습니다."

"우리 딸이 초등학교 교사가 될 수 있을까요?"

"요즘 교육대학(敎育大學)을 가려면 반에서 1~2등 정도의 성적이 나와야 합니다. 제가 생각할 때 자녀분 성적은 반에서 중간 정도 나올 것 같습니다."

"사실 성적이 좋지 못합니다. 하지만 어디서 들은 이야기가 있어 혹시나 해서 물어봅니다. 노력하면 성적이 올라가겠는지요?"

이 사주에서 부모는 庚申인데 寅申충하고 申子합을 했다.
寅申충은 외부와 거래한다는 의미이며 申子는 철제덩어리〔庚申〕가 굴러가는〔子〕상象으로 자동차를 연상시킨다. 또 庚申 비겁比劫으로 寅申충沖을 하기에 육체노동이 많고 지적知的 능력이 약한 것을 알 수 있다. 이것은 자녀〔庚申〕의 학습능력에 영향을 끼친다.

이 학생〔庚子〕은 陰〔申子〕이 陽〔寅午〕을 제압해야 하는데 寅午의 힘이 강하고 대운大運까지 火木으로 흘러 학업성취가 낮다. 성적은 반에서 중하위권 정도로 볼 수 있다. 金水로 대운大運이 흘러야만 성적이 오를 수 있다.

맹파명리연구

명문대 사주

1판 1쇄 인쇄 | 2015년 03월 19일
1판 1쇄 발행 | 2015년 03월 26일

지은이 | 이풍희
펴낸이 | 문해성
펴낸곳 | 상원문화사
주소 | 서울시 은평구 신사1동 32-9호 대일빌딩 2층(122-882)
전화 | 02)354-8646 · **팩시밀리** | 02)384-8644
이메일 | mjs1044@naver.com
출판등록 | 1996년 7월 2일 제8-190호

책임편집 | 김영철
표지 및 본문디자인 | 개미집

ISBN 979-11-85179-11-7 (03180)

이 도서의 국립중앙도서관 출판예정도서목록(CIP)은 서지정보유통지원시스템 홈페이지
(http://seoji.nl.go.kr)와 국가자료공동목록시스템(http://www.nl.go.kr/kolisnet)에서 이
용하실 수 있습니다. (CIP제어번호 : CIP2015008506)